最國中三年！
強父母求生指南

洛洛老師——著

目錄

Part 2 成長路上的難題

Part 3 升學念書有一套

推薦序

一本實戰經驗＋宏觀視角的「正向求生指南」

劉軒（作家、講師）

當初認識洛洛老師，是因爲《不敗學習力》這本書和課程的計畫。我雖然有學習相關的心理研究和自己在美國大學時期的求學經驗，但我更希望這些理論也能在台灣的國高中環境中，確實幫助到我們的年輕學子們。這個開發過程前後花了約有三年，從最初的田調階段，透過共同朋友的介紹，我認識了洛洛老師，邀請她一起來參與討論。

洛洛老師不但是經驗豐富的國中老師，而且對正向心理學和學習理論也很有興趣。因此，我們一拍即合，有一段時間幾乎每週約一次面談。她提供了我許多寶貴意見和回饋，也讓我的文稿和書中的一些舉例更接地氣。因此，若你翻開《不敗學習力》的版權頁，就在我的名字下面，會見到洛洛老師列爲此書的教育顧問。

如今，洛洛老師的第一本著作問世，我當然很榮幸能夠在此推薦給大家！

我們都知道，國中這三年對很多孩子來說，無論是在課業上、在人際關係上，在身心發育上，都是一個混沌時期，也常有突然其來的風雨，往往讓父母們措手不及。因此，這本書被稱爲《國中三年最強父母求生指南》，眞的是一點也不爲過。除了家長們最關心的課業和學習成就之外，我們也能透過這本書理解，孩子在從一踏進校門之後，所面臨到的各種煩惱和焦慮，包括校園內的小社會、孩子們自我認同的探索等等議題。

舉例來說，孩子在班上當股長和幹部，雖然是學習責任感和領導力的好機會，但其實也可能會造成不少壓力和摩擦，而這往往不是孩子們會主動與家人分享的事情。我看了洛洛老師的書稿後，馬上就去問正就讀國一的女兒，有關她之前在班上當衛生股長的經驗，也果然聽到了許多之前沒聽過的故事。洛洛老師透過她第一線的觀察，能帶著家長了解孩子學校生活更多的面向，也因此能創造更深刻的對話機會。

另一個特別讓我受益的章節，就是有關「親師互動」。許多家長在擔心或焦慮時，都希望能夠趕緊聯繫老師，來了解孩子的各種狀況，有些可能聽到了孩子的片面之辭，也可能帶著情緒找老師「興師問罪」。對此，洛洛老師也提供了很實用的建議，幫助家長理解導師會較在意的立場，以及如何才能與老師建立有建設性的溝通。

在這本書中，我們可以同時看到一位班級導師的前線經驗談，也能見到一位教育家的宏觀視角。她在看待教育這件事，並不僅侷限在孩子的課業表現上，也提到在教學的過程中，我們必須讓學生們明白自己爲何要學習。她說：「雖然社會上還是能以學歷增加選擇，但重點在在學校學習時，開闊自己的視野，並在過程中不斷發現自己的『專長』與『興趣』，也才能進一步去思考將來想做什麼工作、選擇什麼樣的生活方式。」

我非常認同這個核心觀念。ＡＩ將會顚覆許多產業，也會創造許多前所未有的機會。我們如果只懂得督促孩子寒窗苦讀，即便考上了名校，也未必保證他們一輩子有個鐵飯碗，更未必保證他們有良好的心理健康和自信。唯有當孩子透過自我探索，有了更強的自覺力，更清楚自己的興趣、長處和特點，也才能開始爲自己做決定和規畫，打造自己的未來。對自己的人生有眞正的主導權，才能建立眞正的自信。

相較於上一個世代的父母，現在國中生的家長們普遍更願意讓孩子選擇，也更願意與孩子溝通。只不過同時，我們不免也會處於傳統的升學壓力矛盾中，進而把這個焦慮傳遞給孩子。因此，在這本書裡，洛洛老師提供了許多建議和解方：該不該讓孩子補習？如何面對新課綱的會考題目形式？如何爲大考做準備、並協助孩子處理自己的緊張和恐懼？如何逐步對升學做規畫，甚或是提早決定要念高中還是高職？這些建議不但務實，也教我們如何面對問題，而不要只是跟風，或陷入焦慮的漩渦中。

看完這本書，我不得不對國中老師們表示深深的敬佩！這三年剛好落在青春期這個充滿困惑和混亂，但也極度關鍵的身心轉變期。孩子在這段日子裡，在校園小社會裡所習得的，關於自己學習、社交、價值觀、自我管理、容貌自信等各方面的經歷，都將會大幅影響他們接下來的發展。老師們天天除了傳授知識以外，還需要面對各種同儕之間的劇場，實在是不簡單！

所以，我今天眞的很開心，能夠看到洛洛老師爲我們寫出了這麼一本全面的國中學習和生活指南，也推薦每一位家中有國中生的父母，都把這本書放在身邊近處，時時參考，時時受用，讓我們以正向的方針，一起陪伴孩子們成長，也一起協助他們塑造更好的未來。

作者序

我們想培養出一個「什麼樣」的孩子？

有次九年級的模擬考作文出了這樣一個題目：「代表我的一個字」。這很像網路上常出現的測字遊戲，爸媽不妨思考一下，會用哪個字來代表自己或孩子呢？

改了各式各樣的答案，有人是「精」，有人是「慢」，但出乎意料出現頻率最高的字，是「樂」。大部分寫「樂」的孩子都覺得自己生性樂觀，笑點低，或是遇到事情都能夠快樂以對。讓我不禁思考在這幾十年的教育環境與社會變革中，孩子們是否已經愈來愈快樂了？

在孩子出生時，爲人父母眞心希望孩子能夠健康，對於孩子的每一步成長與轉變，都感到欣喜。但沿途的風景殊異，關卡衆多，一不小心，就會迷航其中。我們期許孩子展露笑靨之際，也希望孩子能擁有面對將來挑戰的能力。而我們想培養出「什麼樣」的孩子呢？那顆如北極星一般的初心，是否一直在那裡？

生養小孩，讓父母重新再長大一次

有個前輩曾和我分享，生養小孩，其實也是再一次長大的過程。必須重新檢視起自己的成長經歷，面對原生家庭，然後選擇怎樣教導自己的孩子。每個爸媽，都有屬於自己的答案。

但我想不變的是，大家都由衷地希望面前的孩子能夠「快樂」。了解自己的價值觀，能調整自己的情緒，也擁有良好的人際關係。這一切，都是孩子將來爲人生充電的能源庫。我看到很多的父母不間斷地努力，也願意用「愛」與「陪伴」讓孩子擁有完整的發展。我也希望能夠將以往吸收到各種父母教養孩子的經驗、想法，搭配自己的觀察，在這本書中分享給其他的家長。

揭開國中生活的喜怒哀樂

任教多年，看到青春期對孩子的將來影響甚鉅。可能是孩子本身的成長課題，親子相處問題，還有課業壓力的種種煩惱，都會造成各種發展困境。由於時代變遷，父母如果用自己求學時的經驗來看待孩子的問題，可能會加深彼此的鴻溝。因此希望從第一線現場的角度出發，介紹國中生活的各個方面，並分享老師如何與青春期孩子溝通的訣竅，以及現行的考試制度與應試技巧。

本書以三個部分爲主軸：

1. 建立習慣與班級互動

我們常常看到很多孩子在上國中後，感覺到和小學生活的落差。這樣的適應期因人而異：有些人需要一個學期，有些人則就此變得一蹶不振。所以我們會聽過不少家長這樣說：「我們家孩子小學表現都很好的啊！怎麼上了國中變成這樣？」第一部分的目的，就是希望先讓爸媽了解，國中生涯到底是如何？也希望在小學高年級時，就慢慢調整孩子的習慣，使他們上國中時不會有那麼大的差距感。

2. 人際關係與班級參與

「人際關係」絕對是影響孩子心情的前三名因素。當同儕在心中的份量加劇時，旁人的眼光也會影響他們對自己的看法。

回想起我們的求學時期，當時對於每個人的情緒與狀況，可能著墨不多。但青少年時期是人格養成非常重要的階段，甚至是成人的雛型，把握這個時期對孩子的引導，將會對孩子在自我認同與價值上，產生定錨性的影響。

進入青春期，孩子可能有些叛逆表現，彼此會產生一些口角，或許不再和以往一樣，親密地與爸媽分享各種心事，或是功課落後，不知該如何求援。第二部分列出許多父母常見的困擾點，希望和大家分享孩子的青春紀事與因應之道。

3. 讀書方法與最後衝刺

你是學霸類型的家長嗎？通常家長對「讀書」一事是否駕輕就熟，也會影響自己對於孩子念書的看法。

有些父母認為就是要這樣苦過來，才能夠得到未來順利發展的門票；也有些父母覺得就是因為我們這樣苦過來，所以不想讓孩子接受到同樣的壓力與痛苦。但光譜的兩頭，都是極端的選擇。

很多孩子將自己的課業表現，當成是人生價值的展現。所以課業上的挫敗感，連帶會讓孩子喪失自信。我們能不能夠讓孩子的學習，是「快樂」而且有「方法」的？

面對三年後的國中教育會考，是否能夠以終為始，協助孩子規畫學習的進度與面對大考的適切心態？也是第三部分想告訴大家的。

親師合作共好，帶給孩子更多的能量

而在書中，還特別置入了「親師溝通」的篇章，也是我在教育現場非常有感觸的觀察之一。

我曾和一位在小學任教的家長聊天。

「老師，你們很辛苦耶！」

「沒有啦！你也是老師，你也辛苦了啊！」

「不會耶！我們小學的生態跟國中差很多。我們不像你們有那麼重的課業壓力，不只要管教他們的常規，引導價值觀，還要訓練運動會和各種比賽，我跟兒子講話常常都快要氣死了，你們還要管那麼多人，我覺得你們比較辛苦耶！」

媽媽的觀察，可能道盡了國中老師的生活。

相較於小學及高中，國中時期正是孩子自主意識茁壯的階段。所以國小與高中老師會碰到的狀況，國中都有濃縮的綜合版。

我常常覺得身旁的導師像是有三頭六臂，可以同時身兼數職，處理好很多工作：會做教室佈置、規畫班級活動、帶隊練運動會、輔導學生、設計課程，有各種班經技巧，重點還有很好的專業學識。

這些孜孜矻矻的老師們，許多是如此良善而單純。大家都很希望孩子能夠在這個國中階段，培養出良好的品格、奠基未來的能力與學識。然而在第一線的資深老師們，多半會感覺到時代非常不一樣了。孩子的個性百花齊放，讓班級的掌控難度增加；家長們的管教方式殊異，讓親師溝通也備感壓力。

這本就是時代的變化，期許發展每個人的特性。雙方都是想協助孩子變得更好，學得更多，卻在對話中不小心擦槍走火，也讓許多老師深感教學環境的不易。我常在想，親師雙方都需要更多的鼓勵，才能夠帶給孩子更多的能量。

在學習的路上，大家一起成長

我僅以教學生涯所見，提供給父母一些在教學現場中觀察到的經驗。學習的主體本就是孩子，父母與老師都是在這條路上協助孩子的人。當彼此擁有共識，才能一同從學校和家庭雙方面陪伴孩子有更好的發展。

所有跟「人」有關的問題，都沒有唯一的正解。在教育的過程中，也是父母和老師們在不斷調整與拆解自我的過程。

謝謝你願意翻開這本書，代表你願意陪伴著孩子渡過徬徨不安的少年時期，也讓我們成爲穩定的力量，協助他們快樂學習，成就自己。

洛洛，二〇二三年六月

①

校園生活搶先看

1-1

調整作息，跟上學校進度

時間來到晚上十一點，小倫不自覺地抓了一下頭，作業還有兩項沒有寫完，自己也還沒有洗澡。在小學，這個時間他早就已經入睡了，但因為今天晚上有補習，老師的功課又出得特別的多。現在的他很想睡覺，可是功課沒有寫完，明天可能會被老師處罰。

先睡一下嗎？萬一睡過頭怎麼辦？先寫功課嗎？可是實在覺得好累。但再不睡覺，明天早上六點半就要起床，到時候賴床又要被媽媽罵了。

內心天人交戰的他，實在不知道該怎麼辦？

時間不夠用，是很多孩子剛升上國中的第一感覺。緊湊的生活節奏與各科內容，讓許多人對「時間」深感捉襟見肘。看著有些同學游刃有餘地平衡課業和生活，疲於奔命的孩子常常懷疑著自己爲什麼學習成效不如同學？殊不知就是「時間管理」上的差異。

進入新階段，孩子容易陷入的惡性循環

每天功課的多寡與隔天考試量，常常決定孩子睡覺的時間。所以很多孩子並沒有固定的作息與睡覺時間，端看功課的完成度。由於各科老師都是獨立作業，所以並不清楚其他科老師當天出了多少作業。一旦遇到老師們都出了較大量的功課，或者是接近段考日程，隔天考試都居多的狀況下，孩子們就有可能會挑燈夜戰。

下課回家時，因爲已聚精會神地上了七至八節課程的內容，精神狀態本來就沒有那麼好。再加上家裡有手機、電視等誘惑，很多孩子的效率自然會較差。更不用說需要補習到九、十點的孩子，不僅到家的時間更晚

了，如果此刻才想要著手完成學校的功課，當然會覺得份量太多。

而爲了完成作業開夜車的結果，通常是先挪用了隔天的時間。因爲睡眠不足導致精神不佳，在課堂上自然容易打瞌睡或補眠。在國中課程內容與範圍都加深加廣的情況下，孩子在上課時如果無法全神貫注，很容易就會聽不懂；一旦聽不懂，那麼作業的難度自然就會提升，寫起作業來就得花更久的時間。這樣一來就會形成惡性循環，讓孩子越來越晚睡覺，或者是在功課上敷衍了事，對學習來說都是一大傷害。

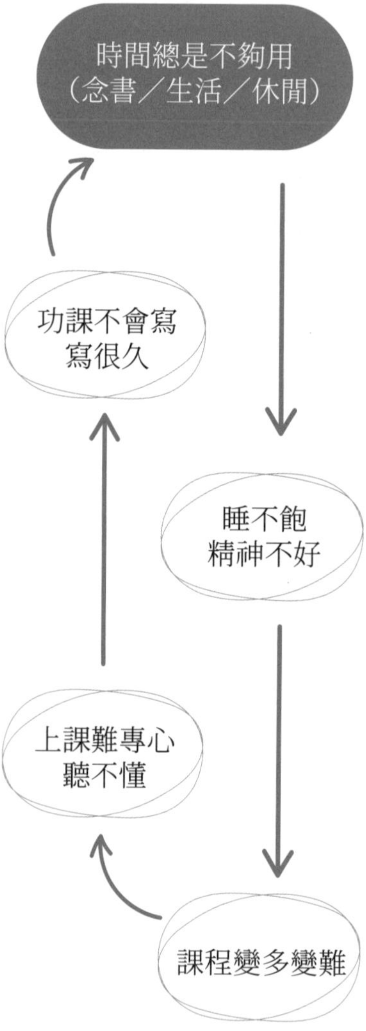

時間總是不夠用
（念書／生活／休閒）
睡不飽
精神不好
課程變多變難
上課難專心
聽不懂
功課不會寫
寫很久

國中生活常見的的惡性循環。

面對這樣的狀況，爸媽們可以怎麼協助孩子呢？可以從兩個方面著手：

引導孩子定錨作息，生活上必須有所取捨

美國部落客梅爾凱（Meir Kay）於二〇一六年創作了一支名爲「快樂人生寶貴的一堂課」（A Valuable Lesson For A Happier Life）的影片。片中一名老教授走進教室，拿出了一個空罐，學生們感到好奇，只見他向罐中放進了高爾夫球。

「罐子裡滿了嗎？」他問到。

「是的。」學生們回答。

他再從袋子裡拿出了一杯小石頭，倒入罐中。

「那現在罐子裡滿了嗎？」他問到。

「是的。」學生們回答。

接著，他又拿出一杯細砂倒入，抖動並敲擊著罐子，讓砂子能均勻地

深入罐中的細縫。

「那現在呢？罐子裡滿了嗎？」

「是的。」學生們面露微笑地說著。

老教授展開笑顏，繼續拿出自己的法寶：兩瓶啤酒。將啤酒倒入罐中，這次，罐子終於眞正的滿了。

他告訴學生們，罐子就如同自己的人生，高爾夫球就是我們最重要的事物：家人、朋友、健康或是夢想；小石頭是次等重要的事，如工作、房子；沙子則是生活中的瑣事。若將順序顚倒，先將砂子放入瓶中，便不再有空間放進小石子與高爾夫球。同樣地，如果我們把時間精力都花在瑣事上，也不會有時間去做真正重要的事。

對於我們或是孩子來說，也是如此。扣除上課與休息的時間，若再加上補習或寫作業，孩子能夠留有的空閒時間在一天中所剩無幾。在這樣短暫的喘息時間中，我們會先放入什麼重要的事？使自己可以眞正好好休息，或讓心靈得到滿足的事？

所以我們可以和孩子一起討論，以「一週」爲單位，從下課回家到晚上休息的時間中，扣除生活瑣事，孩子該如何利用時間？定出睡覺時間後，每天能夠運用的時間有限，什麼事對孩子來說是最重要的？什麼事是次要的？

當把優先順序定錨出來時，自然就會知道什麼時間該做什麼事。這個時間本就是念書的時候，卽便沒有功課，可以做什麼額外的學習或練習？可能和課業有關，或是鑽研自己的興趣。而不是有功課那天就熬夜苦讀，沒功課那天就把手機滑到飽，讓每天都充滿變數，也會在無形中花掉很多決策的注意力。

而在時間表中，特別將「休息」的時間定錨出來。讓孩子知道把重要的事完成後，能夠像影片中的老教授一樣，提及「再忙也要找時間與朋友喝一杯」。在孩子身上常常會看到這種情況，寫功課的時候覺得痛苦，因爲腦中想著手機、電腦；但玩手機久了，也會覺得很有罪惡感。所以讀書也不是，玩手機也不是，內心天人交戰。

我常聽到孩子反應在家中和爸媽的角力。一方認爲自己已經很認眞念書了，而另一方面總是認爲孩子「念書的時間不夠長」。其實時間的長短並不是重點，而是在於「念書的專注度與效率」。如果沒有辦法把握這點，那麼時間再久也沒有那樣的效果。**不如和孩子討論，將每天休息的時間定錨出來。在那個時間之前，就是專注於該做的事；在休息時段，可以盡情地放鬆。**

就像在影片中，老教授對著學生說：「每個人的生命只有一次，身爲浩瀚宇宙中的過客，我們要學會如何有智慧管理自己的時間。」我們常因爲沒有定錨自己該時段要做什麼，讓時間轉瞬消逝，對孩子來說更是如此。所以分配好這些事物的「輕重緩急」，讓自己能夠有足夠的時間做該做的事，也能享受專注後的放鬆愉悅。

學習善用零碎時間

當我們撰寫作息表後，會發現生活中的瑣事就是如此地多，所以爲了讓我們能夠有更完整的時間留給放學後的生活，也可以鼓勵孩子在學校的時候，利用各種零碎時間完成功課或複習進度。特別在108課綱後，不再追求塡滿孩子所有的時間。這樣的立意，正是希望培養孩子學會如何規畫自己的時間與學習進度，並利用空白和自主的時間探索自我。

因爲很多孩子從小已經很習慣被父母安排好的生活。所以不懂利用時間的人，一旦有喘息的空間，通常會選擇發呆、睡覺，或是和同學聊天。而根據我的觀察，在課業上有較好表現的孩子，通常都是很會利用時間。像是任課老師尚未進入課堂前，或是寫完考卷後，都適合用來完成瑣碎的功課。甚至有些孩子會在該堂下課時，就已完成老師交代的作業。一天八節課下來，當其他同學還要帶這些作業回家寫時，他們早已在進行自己喜愛的活動了。

在網路家長社團中，也常會有媽媽擔心地發文詢問：「爲什麼我們家的孩子回家後都很閒，好像沒有什麼功課呢？」扣除有時功課量眞的比較少，或是孩子並沒有確實抄寫聯絡簿，根本直接把功課拋到九霄雲外，也許你們家的孩子是很會利用時間的呢！在學校都已經把握時間完成了老師所交代的作業。

如此一來，回家後配合作息表，無論是要發展自己的興趣、複習課業、學習才藝，都更能沒有負擔地進行，而不是每天被瑣事搞得煩躁不已了。

“在課業上有較好表現的孩子，通常都是很會利用時間的一群人。

定錨生活作息表

什麼事是你最重要／最想要做的？

____

什麼事是你生活中必須要完成的瑣事？

____

定出你的休閒時間：______________________

若有突發狀況：__________________________

安排一週的課餘時間，看看各種事物的比重如何？你是否先放進自己的高爾夫球？可著上不同的顏色。

	星期一	星期二	星期三	星期四	星期五
6:00-7:00					
7:00-8:00					
16:00-17:00					
17:00-18:00					
18:00-19:00					
19:00-20:00					
20:00-21:00					
21:00-22:00					
22:00-23:00					

1-2

擔任幹部、小老師，培養解決問題的能力

學期的一開始，小玲被選為衛生股長與國文小老師。第一次擔任幹部和小老師的她，心情有些複雜。雖然能夠擔任幹部，代表老師和同學們的肯定，但因為衛生股長要負責檢查打掃區域，如果沒有順利完成，可能會遭到老師的責罰；反之若太過嚴格，可能會導致同學們的反彈過大，甚至可能因此被討厭。

而國文老師有很多的作業與考試，上學期的小老師很受老師稱讚。從沒擔任過小老師的她，並不清楚到底該做什麼？也擔心自己沒辦法勝任這樣的工作。

對於許多孩子來說，在學期初被選爲班級的幹部或小老師，心裡是喜憂參半的。通常心態積極的孩子都滿樂於擔任幹部，代表能力備受肯定，但也正因如此，孩子們會更在意自己的表現。畢竟幹部與小老師，肩負起帶領團隊的角色，也要對老師有所交代。如同公司主管一般，對上對下都有屬於自己的任務。我們也容易看到許多孩子會爲了求好心切而「用力過猛」，如此一來，便容易引起同學們的反彈與衝突，最常發生的就是對待同學的態度不佳。

當幹部就容易被同學討厭嗎？

通常擔任班級幹部的孩子，都是很有責任感的，但在國中的環境裡，我們可以理解各種孩子來自於不同的家庭背景，很多人不見得能養成如此自律的習慣。但同樣身爲青少年的他們就常常不解，同學爲什麼沒辦法如期繳交通知單或是作業？特別是催繳很多次，同學還無動於衷的時候，老師可能會質疑幹部爲何沒有收齊？擔任幹部的孩子可能會覺得委屈，自己也是很早就開始收作業，但同學們就是一直不交。氣急敗壞的情緒下，就容易對同學態度不佳，甚至出現飆罵的狀態。

同學可能會覺得被當衆糾正沒有面子，進而反唇相譏，一場爭執就這麼產生了。甚至有些同學會因此記恨，在日後採取排擠或霸凌的手段報復。

所以孩子容易認爲「都是因爲擔任幹部讓同學開始討厭我」，而沒有注意到彼此都在同儕中，即便這些同學表現得不盡如人意，但一樣在意他人的想法和眼光。

當爸媽知道孩子擔任幹部時，可以先聽聽他們是怎麼處理事務的。若沒有太大的困擾，爸媽就不用過於擔憂。但如果孩子遭遇了某些困難，就非常適合親子共聊。從他們的處事態度中，也能看出思考邏輯與協調表達的能力。

這些不僅是108課綱的核心精神，亦是學校生活中重要的學習環節。在日後高中學習歷程的書寫上，幹部與小老師的經歷也可顯現出個人能力與特質。

而孩子在執行幹部任務時，我通常會給孩子們幾個建議：

1. 採取溫和而堅定的態度

很多幹部在糾正同學時，會忍不住嘻笑，或對自己親近的朋友比較寬鬆，這都可能會使同學覺得原來跟幹部比較好的同學就可以被放水，那麼讓大家信服自己就十分困難了。

除了展現幹部「一視同仁」的原則外，如果同學們違反規定時該怎麼辦呢？切記幹部的角色是「協助同學遵守規定」，只要用「溫和」的口氣，「堅定」態度的重申原則卽可。若同學們持續違反規定，不一定要破口大罵，而是請老師介入處理。通常被提醒的人都知道自己有錯誤的地方，也不會對幹部的溫和提醒感到不悅。

2. 將截止日提前幾天

作業或單據無法在截止日時收齊，似乎是很多幹部與小老師的共同困擾。因爲孩子們常常會很「實在」地告訴同學們收件的日期。例如星期五學校發下通知單，要在下星期三收齊回條，孩子們就會告訴同學在下週三前交齊即可。想當然耳，很多孩子可能到週三才想起「啊！有這張回條。」更別提要記得給家長簽名的事了。

面對這種狀況，會建議孩子們「將截止日提前幾天」，統一收齊單據，會更加輕鬆。有些若需要繳費或較爲複雜的單據，可稍加延長期限。若像上述的例子，只是簽名回繳，最好的方式就是隔天一次全部收取。忘記的同學，可以再有一天的緩衝期限。如此一來，可能不用到週三，全班就能夠悉數交齊。

很多孩子會讓同學們想到就交來，但二、三十位同學分別繳交，也會造成幹部或小老師不斷的干擾。所以最爲簡單的方式，就是一次收取，再針對個別同學提醒，就能將繁瑣的單據或作業繳交變得更加簡單。

3. 調整提醒同學的方式

收取作業時，幹部與小老師最常感到困擾的，就是催繳一事。特別是許多作業若沒有收齊，缺交者可能會被任課老師施以警告處分，小老師可能也會受到老師責難。所以常會有被怪罪的小老師感到委屈，跑來找我抱怨。

「我已經每天提醒同學們要帶作業了，可是他們還是不交，我也沒有辦法。」

「那你怎麼提醒他們呢？」

「我有寫在黑板上啊！而且我還有在講台上面說。」

「是的，但你上次講的時候好像是下課時間，班上是不是沒剩幾個人？」

「嗯……對啊！」

在我的觀察上，很多孩子很盡力地在完成他們的工作，但如果再注意些細節，就能夠完成得更輕易。

「首先，你雖然寫在黑板上了，但你有沒有發現，黑板上有很多的項目，很多人如果沒有仔細看，其實不會特別注意到對吧！再者，你雖然有在講台上提醒，可是同學們可能人根本不在，或是沒有在聽你說話，這樣一來，你講話的效果就會大打折扣了。」

「那我該怎麼辦呢？」

「首先，你可以清楚幾個部分。一、同學們的缺交名單如果不多，可以私下一一提醒，如果太多，可以告知任課老師，請老師上課時一併提醒全班同學。二、如果同學們已經超過期限，除了告訴任課老師，也要告知導師。因爲很多任課老師的任教班級數很多，每星期在我們班的課堂數也很少，在這種情況下，老師很難一一對同學催交作業。如果告知導師，老師才能掌握作業的內容，就近叮嚀大家繳交，這樣也是幫助同學，並且較不會衍生後續問題的方式喔！」

讓孩子們清楚身爲幹部該如何更有效率地處理任務，也有助於孩子日後在社團或是進行小組學習時的統整能力。

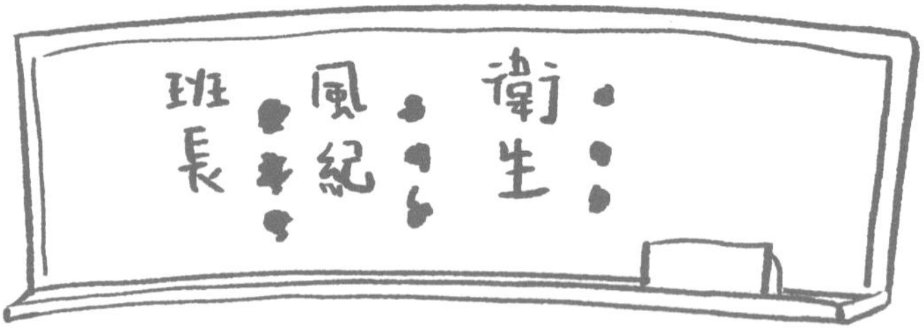

除了完成任務，還能進一步溝通協調

一般而言，通常最容易與同學們產生衝突的股長，莫過於衛生與風紀了。一個要管理整潔，一個要管理秩序，孩子們很容易認爲，只要夠兇，讓同學們聽我的就可以了。但脫離威權時代的我們，家長和老師都已不再走這個路線，孩子如果只是單純的兇狠，可能會造成反效果。所以能夠做好這兩個工作的孩子並不多見。但有個讓我印象深刻的孩子，不僅在各個崗位上都能有所表現，更進一步展現了他溝通協調的能力。

那是個午後，剛換到新的打掃區域的我們被分配到廁所。孩子們對於打掃女廁有各種不同的反應。有人覺得新鮮，也有人覺得反感，像刷馬桶間這件事就時常被我叮嚀。幾天後，衛生股長跑來找我。

「老師，我想跟你聊聊。」

「好啊！沒問題，發生什麼事了？」

「小美被分配到刷馬桶，她常常覺得很噁心，所以都逃避工作，我只好拜託其他同學幫忙，才有辦法在時間內完成工作，但很容易會拖延到上課時間。」

「了解，那你有什麼想法嗎？」

聽完衛生股長的話，我有心理準備會聽到一陣抱怨，沒想到孩子繼續說道：「但可能有些人眞的會對刷馬桶感到排斥，所以我在想，如果讓刷洗手台的小涵和小美交換，可能會好一點。我問過他們兩個人的意見了，他們都同意。如果老師你也同意的話，我明天就讓他們交換工作。」

什麼！我以爲會聽到一陣抱怨，但衛生股長不僅已經想好解決的方式，還徵詢好同學的意見，最後再等老師決策即可。

很多時候，我們都小看了孩子的能力。這個擔任衛生股長的孩子所想的，不只是單純完成交付的工作，而是碰到問題時會思考如何解決，甚至先做好調查，這可能是很多成人都沒有培養出的能力。他大可來找老師抱怨一番，讓老師進行調整卽可。但在這個孩子身上，我卻看到他面對阻礙時的表現，這點是非常難能可貴的。

此外，他也會顧慮到要徵求老師的意見。因爲有些時候，股長或小老師會省略和老師溝通的部分就擅自作主。畢竟老師會以全班作爲整體考量，若沒有事先告知老師，可能會導致之後有其他糾紛產生，這也是自主性較高的小老師需要注意的一點。

預先規畫，小老師變成老師的分身

很多人說，好的小老師帶你上天堂，這句玩笑話也有幾分眞實。一般的小老師能夠完成老師交辦的事項，已實屬難得。但在教學生涯中，偶爾會出現「十年一遇」的優秀孩子，此時我們之間就會出現這種對話：

「啊！我上週忘記交代習作要當作業了。」

「老師不用擔心，我已經請同學們完成了。」

「段考前記得要把平時成績紙本給我喔！」

「老師不用擔心，我已經寄電子檔到你的信箱了。」

這個優秀的孩子來找我時，展開的對話不是：「老師我們今天要做什麼？」而是：「老師，我們昨天已經上完第三課的注釋，所以今天可以進行的內容是課文。如果要交代功課的話，可以選擇應用練習或是習作。」老師好像都不用思考，這個孩子就已經替老師超前部署了。這個孩子也曾經在作文中寫到：「老師都說我是個厲害的小老師，實際上，我只是比較擅於觀察和多想一步而已。」

我也很好奇孩子這樣的特質是如何養成的？原來孩子的媽媽也是擔任老師，他們在課後會討論校園生活，媽媽也會和孩子分享如何與老師互動，以及如何規畫與執行幹部的責任。

同樣的情況，處理方式大不同

有次在測驗卷複印中，我沒注意到題目卷末端的一行字跡較為模糊。在第一個班考試時，小老師急忙跑來告訴我這件事，想聽老師的指示。拿出複印原稿的我，將完整的題目抄寫在黑板上。

而第二個班的小老師在考試時，同時還帶來了答案卷。「老師，我們發現測驗卷上的題目不夠清楚，答案卷上是不是會有完整的題目敘述？」

到了第三個班考試時，我想著小老師應該會出現來問同樣的問題，卻看不到人影。我主動詢問第三個班的小老師：「你有發現測驗卷的最後一行的題目沒有印清楚嗎？」

「有啊！我找出了題目卷的原稿，而且把完整的題目抄寫在黑板上，同學們也繼續作答了。」

我十分驚訝。因爲完全沒有任何提示下，這個孩子已經完成了所有的步驟。

一般來說，各個任課老師對孩子的要求，多半是負責即可，對於孩子該做的工作，也會明確地告知。但超乎預料的舉動，就是多想一步，就能讓人對這個孩子印象深刻。

每次任命幹部與小老師時，我都會觀察孩子在遇到問題時的不同反應，這也顯現出他們的個人特質。有些爸媽並不喜歡孩子擔任幹部或小老師，認爲這些事務會浪費他們的時間，不如好好念書。而在任教多年的觀察中，發現很多孩子雖然很會讀書，但對於人際互動或班級參與的程度非常低落，甚至在七年級結束時，還叫不出班上某些同學的名字。若持續獨善其身的態度，將來在碰到小組學習或團體合作時，必然會遭遇到某些困境。

讓孩子在班級擔任幹部、小老師，就是培養「解決問題能力」的最好機會。

“很多孩子雖然很會讀書，但對於人際互動或班級參與的程度非常低落。鼓勵孩子擔任班級幹部或小老師，將是訓練團隊合作的好機會喔！

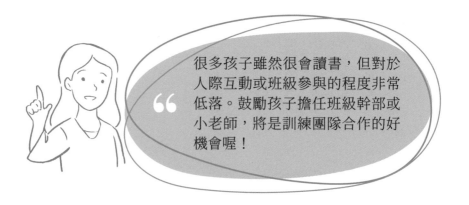

1-3

國中生究竟需不需要補習？

暑假來臨，馬上就要進入國中了，媽媽看著朋友陸續讓孩子上國一先修班，或是已經報好開學後的全科班，心裡覺得有些緊張。

聽說國中的課業很難，如果不趁暑假的時候開始準備，怕孩子一升上國中會跟不上課業進度，到時候再補就很難了。

可是補習下課的時間都已經九點多了，再回家洗漱、寫作業，那孩子要幾點鐘睡覺呢？

到底該不該讓孩子去補習呢？媽媽還是遲疑著這個問題。

這是普遍家長在孩子升國中時的困擾點。據教育部統計，全台十個國中生裡就有六個參加課後補習。

不同於小學時期，國、英、數、自、社的內容加深加廣，若是架構在孩子過往的知識上還好，但遇到新的知識系統，假設上課時沒有認眞聽講，回家後往往也無法理解。很多孩子在小學的學習態度是：上課並沒有很認眞聽講，功課由安親班老師叮嚀完成；在月考前複習內容，也能考出不錯的成績。

但同樣的一套方式到了國中，很快就會感受到課業的難度與複雜度，挫敗感也會隨之而來。擔心孩子會「輸在起跑點」的家長，就會立刻替孩子物色各科補習班。

暑期先修班的必要性？

孩子進入暑期先修班，頂多是讓孩子先了解國中第一次段考的課業內容爲何，在一開學的時候，會因爲先學過了而感到不那麼陌生。但這樣的效益大概只能維持到第一次段考，第二、三次段考後，還是得見眞章。

比起馬上在升國中的暑假報名先修班，建議不妨先讓孩子適應看看七上的課業狀況，再決定要不要補習。國中的課業量比國小大很多，可以趁七年級剛開學嘗試當課業量增多時，孩子能不能應付得來。

若考試成績不盡理想，可以從老師與孩子的身上多方擷取資訊：是該科內容太難、跟不上進度？科任老師講解的方式不適合孩子？上課時孩子不夠認眞？抑或是孩子回家沒有做好時間規畫與複習？

找出孩子確切的問題後，再針對問題調整，安排弱科加強補習，或考慮請家教，如此一來效果也會更好。而且建議以一至兩科爲限。這樣一星期五天，至少能有超過一半的晚上時間，讓孩子好好複習功課，或從事自己的興趣。平衡緊湊與放鬆的生活，才能使學習之路走得更爲長遠。

沒有「自己複習或消化吸收的話」，補再多都沒用

由於國中的上課時數變長，多半要到下午四、五點才放學。一整天緊

湊課程下來，孩子們的頭腦已經裝了許多新的知識。根據遺忘曲線的原理，孩子們應該在回家後複習上課內容，效果是最好的。

但在此時，很多補習的孩子卻是到補習班再聽一次課，回家後再完成學校和補習班的功課，甚至可能熬夜。除了原本能複習的時間被佔用了之外，隔天更是精神不好，無法專心聽講，反而進入惡性循環。

久而久之，身體的疲累讓孩子感覺負擔很重，沒有時間理解知識，連休息的時間都被剝奪，在學校待一整天，放學、週末還要上課，心裡也更討厭學習，屆時補習反而成爲孩子的阻力。

而有另一種孩子是在補習班都聽過一輪了，所以在課堂上就呈現漫不經心的狀態。這也有些本末倒置。因爲補習的目的，通常是爲了對該科有更深刻的理解，讓成績有更好的表現。限制於時間，通常補習班會將很多內容濃縮至三個小時一次教完，而學校教育會慢慢鋪陳，讓孩子逐步理解。很多人會覺得這些自己都懂了，反而放棄思考理解的過程，長久下來，多花了很多時間、精力，卻效果不彰。

關於這點，其實應該要回到學習者的本身，也就是孩子的身上。學習能夠有成效的關鍵，在於「理解與應用」。

若孩子沒補習，可以如何規畫複習？

若孩子的問題是在於複習不夠確實，建議可以替孩子建立放學後固定的時間規畫，培養孩子規律的生活作息。例如從學校五點放學到十點上床睡覺，中間的五個小時什麼時間要念書？哪些時間可以稍加放鬆進行休閒？

若孩子在念書時特別容易不專心，除了移除干擾物外，也可以轉換環境，利用圖書館、自習室，讓孩子更有效率的複習。畢竟之後上了八、九年級，課業更爲繁重。所以七年級培養固定、適量的學習時間就顯得格外重要了。

學習是一場馬拉松，我們也不乏看到很多在國中

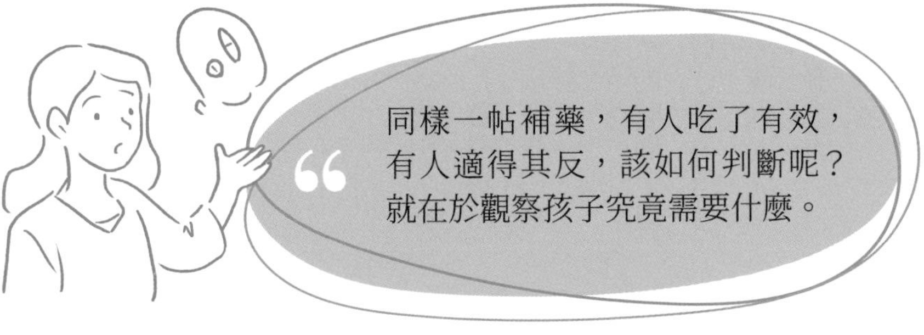

“同樣一帖補藥，有人吃了有效，
有人適得其反，該如何判斷呢？
就在於觀察孩子究竟需要什麼。

高壓策略下考上明星高中，卻在父母放手管理後，因爲不懂規畫時間而耽誤課業，在考大學時不盡理想的案例。

父母常會覺得孩子上了高中，已經長大了，就不再管束孩子的各方面狀況，殊不知孩子的學習習慣並不會自動隨著時間而升級。

針對各科培養適合的學習流程

養成自己的學習方法也很重要。很多家長納悶爲什麼孩子在學校、補習班都聽過了，有些地方還是一直出錯？因爲對基礎知識不夠扎實的孩子來說，寫再多補習班整理好的講義、考題本，都比不上先搞懂基礎原理來得重要。

補習班可以提供大量考題、解題技巧，省去收集整理資料的時間，但重點在於學到知識後，有沒有辦法歸納出一套適合自己的學習方法、學習流程。以國文來說，我會在段考前建議孩子從習作裡的課內基礎內容開始複習，接著背注釋、讀課文，再來才是寫考卷、講義。如果家長覺得自己沒辦法協助培養學習方法，書局也有很多談學習方法的工具書可以參考。

然而未來三年比的是有沒有掌握到自己的學習節奏。因此花在先修班的時間，除了上述提及的時間規畫、學習流程，不如也利用時間，多看一些與課程內容相關的課外讀物，學習念書的方法。若爸媽行有餘力，可以陪伴孩子一起打開參考書，看看國中各科在學習上的組織架構。

最後想要提醒，考題字數越來越長是趨勢，如果孩子喜歡閱讀，無論是生活知識或長篇小說，請鼓勵他繼續看下去。學校、補習班雖然可以慢慢教會考試的解題技巧，練習大量的題目，但也很難擠出完整的時間讓孩子盡興地閱讀。如果孩子願意在寒暑假接觸自己喜歡的讀物，可能會比在先修班重複學習課程內容來得更有意義。

1-4 校際活動，將知識運用到生活中

請先閱讀以下資訊，並按題意要求完成一篇文章。

線上班級群組裡，師生正在討論園遊會：

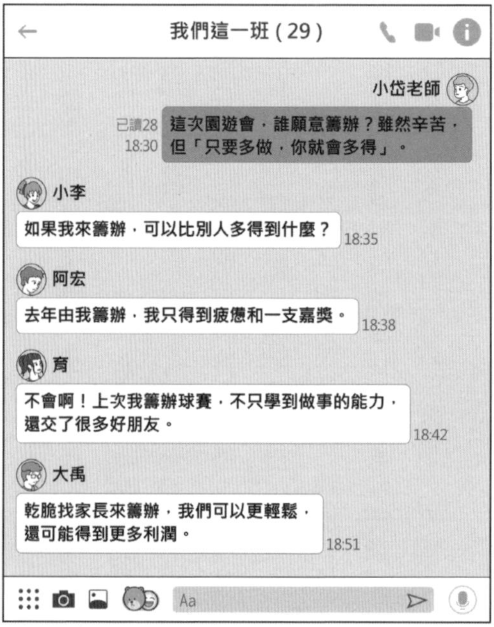

日常生活中，你可能常會聽到「多做多得」的勉勵，你或許認同，或許感到困惑，也或許有其他體會。**請結合自己的經驗或見聞，寫下你對「多做多得」的感受或想法。**

※不必訂題

※不可在文中洩漏私人身分

※不可使用詩歌體

這是111年的國中會考作文題目「多做多得」，希望孩子去思考，在生活的各種層面中，到底爲什麼要多做？我們又能夠多得到什麼？面對各種班際活動時，很多孩子會「聰明」地追問：「得名會有什麼獎勵嗎？老師會請喝飲料嗎？會記功嘉獎嗎？」似乎多做，沒有直接的「多得」，看起來就是件吃虧的傻事。事情眞的是如此嗎？

運動會學習成敗得失

在歐美國家，大多很鼓勵孩子在課餘時間參加運動性的社團，在申請學校的時候，也會參考孩子綜合性的表現。原因無他，因爲在運動項目的練習中，能夠磨練一個孩子的心性與毅力。翻開108課綱的核心素養，幾乎全部都能體現於校際活動中。

準備競賽的過程，能夠帶給孩子一種「革命情感」。這樣的向心力與成功經驗，對於整體班級的自信及風氣都會有一定程度的幫助。光看到得獎時孩子們歡欣的笑顏就能清楚感受。但參加活動的畢竟是孩子，身爲師長的我們，又該如何引導孩子進行活動呢？和大家分享一些做法：

1. 了解運動規則，掌握重點

參加任何一項比賽，要先做到什麼樣的事情呢？不是努力練習，而是詳閱規則。這是我帶領活動多年後，才發現簡單卻最容易被忽略的事。很多時候大家悶頭苦練，卻因爲違規而導致心血白費。所以絕對要先掌握規則的細節。

面對進場或是喊口號等的活動，我也很鼓勵使用孩子們的創意。若能看到自己的點子付諸實踐，也會更有動力。但孩子因經驗不足難免會有盲點，比如沒有意識到許多創意服裝的製作或是動作訓練都需要大量的時間來完成。所以師長們能夠做的事，是爲孩子指引出其中的差距。例如像進場的表演動作不能設計的太難，因爲同學們的肢體表達可能沒有那麼厲害，太複雜的動作可能會讓大家感到挫折。

再者是計算出總共有多少的時間可以練習，每一堂課能夠練習的進度到達哪裡？當有了明確的目標進度，在練習的推進上比較不會流於浪費時間。這點當然也適用於各種運動項目或是其他競賽。此外，也推薦善用錄影的方式，不僅能一目了然問題的所在，也能很快知道該如何修正。

2. 參與活動增強組織能力

若是孩子在這樣的活動中擔任領導角色時，父母可以聽聽他們規畫的邏輯與流程，若在哪一個環節上遇到困難，可以一起討論並給予協助。若是沒有擔任任何職務，也可以聽聽孩子分享同學們在練習時的狀況，以及自己的感受爲何？

運動會的準備就是綜合能力的展現，在溝通合作的情況下，確實運用各種素養規畫與執行。許多孩子在眞正投入活動後，才能深刻感受到原來換了位子去帶領一個班級性的活動其實並沒有這麼容易，對於老師平時所扮演的角色也更能感同身受。

3. 面對賽後的結果，優化並檢討

被稱爲「天才二刀流」的大谷翔平，兒時透過和父親互動的棒球筆記本，記錄著自己在棒球上表現不夠良好的地方。

大谷翔平的父親說：「我要他記下比賽中做得好和做不好的地方，最重要的是在打不好的時候，讓自己思考下一步該怎麼做才能克服問題，並且採取行動。」

面對用心準備的比賽，很難放下得失心。但能不能夠在比賽中得名，很多時候不只是練習和投入的心力，更是天時、地利、人和的結果。如果在比賽中，有人失誤或是跌倒了，導致與獎牌失之交臂，我們又該如何引導孩子看待這一切呢？

這時孩子除了要面對自己的悔恨，還要承受同學們的眼光和壓力，讓很多人當下淚灑操場。其實班際的比賽，本就不該由任何一個人承擔所有的結果。沒有得名，也不會是某一個人絕對的責任。所以在活動開始前，也可以和孩子們心理建設一番。重點是和同學們齊心完成一件事情，將是求學生活中很難忘的回憶，彼此也能增進感情。

其實大部分的運動訓練或比賽，都不是爲了成功而準備，而是體驗了大量的失敗後，慢慢累積起的經驗值。就連身爲導師的我，也是在帶領很多次運動會的經驗中，才逐漸了解到比賽的細節與訣竅，更何況只是青春期的孩子呢！

運動會的本身，就是要讓孩子們了解運動的眞義：如果你是得獎的少數人，那很幸運，代表我們很快就掌握方法；但如果你是落馬的多數人，也別氣餒。因爲人生中更多的時刻，是在各種挫敗中，聚積起更大的能量與勇氣。這才是運動會眞正要帶給我們的思考點。

“ 羽球球后戴資穎曾說：「輸輸贏贏是運動員生涯的常態，怎麼調適自己再重新來過，是最重要的。」

園遊會學習「從無到有」設計流程

和同學們一起規畫經營攤位，甚至邊賣邊吃自己的商品，發揮各種創意，再從自己的想法和實踐中賺到金錢，其中的成就感使人印象深刻。也難怪學生時代的園遊會雖然青澀，卻讓人回味無窮。

像時下很流行的創意市集，就是園遊會的一種型式。很多人喜歡去逛這些市集或攤販，但倒過來要變成規畫者，就要去思考整體的商業流程與思維模式，從商品的製作、販賣，成本控管、行銷、收帳各種規畫等等，讓孩子更快可以接觸到商業模式。而我也觀察到甚至有孩子因此啟發了商業思維，早早就在拍賣上販售起自己的手藝或是開起知識財的影音頻道，這都是和社會接軌的開端。

關於園遊會，可以試著這樣規畫：

1. 先決定攤位取向

一般而言，攤位大概是分爲幾大類：吃食、物品、遊戲。吃食又分爲需要現場製作，或是事先準備好。如果需要現場製作，也要衡量速度與安全性的問題。物品大多是手工藝品，或是跳蚤市場，這類的商品泰半是由家長捐贈居多，雖然較無成本，但孩子的投入感會較低。遊戲類則以鬼屋最爲大宗，這是青少年的心頭愛好，所以校園裡的鬼屋通常都會有排隊的人龍，製作成本也低，所需的主要是大量的人力。所以「裝神弄鬼」的同學們就必須一直待在現場，這也是孩子們一開始要認知的。

2. 成本、利潤的計算與贊助

很多時候，園遊會都是基於好玩，爸媽們會贊助很多物品，孩子通常也沒有太多成本的觀念，常常跳樓大拍賣，反正只是過過當店主的乾癮。但若想讓孩子更了解財商的知識，就建議要讓孩子有成本以及利潤的概念。特別在園遊會中，人力通常是不計成本的，但還是有很多的攤位會做到賠本，說到底就是沒有這樣的觀念。能將自己的創意換取報酬回來，也是園遊會中有趣的體驗。

3. 行銷策略

明明我們的東西很不錯，卻乏人問津，那絕對是忘記了「行銷」這一塊。有些班級會在半個月以前，就進行各種行銷。網路、傳單，引起大家的好奇與期待外，還有些人會引進「預購」和「募資」的概念，講求定時送貨到班級，或代為傳情，在園遊會開始前就已製造了話題性，通常當天的生意也都有一定的業績。

4. 當天的人員調動與備料準備

「園遊會才剛開始，怎麼這個班級就已經收攤，是完售了嗎？」備料不足或太多，是孩子們很容易發生的狀況，因為沒有販賣數量的依據，所以可能會導致東西賣不夠，很快就結束了。若是準備太多，也可能無法在時間內販售完畢，過多的材料浪費也會讓成本上升。所以在提醒孩子規畫時，可以抓一下單位小時大概會賣出多少份數。因為園遊會是屬於一次性的活動，不像市集攤販可以多次販售。這可能是孩子們比較容易疏忽的部分。再者，人員的分配也要注意。若沒有固定的分工與時間表，很容易出現人去樓空，或是只剩爸媽在顧攤位的狀況。

5. 最後的優化檢討

通常園遊會結束後，不只是讓孩子有所體驗或是單純的玩樂。對於活動反思與優化，都是孩子進步的動力。而且賺得實際的報酬該如何分配，也是一項學問。大部分的班級都是直接當班費使用，而有些老師則會使用獎金制度，讓各組在營業時間所賺得的錢，一部分挪爲班上公用，其餘的則歸予同學。由於每個孩子在活動中的貢獻程度不太一樣，這也能給更加費心的孩子們一個鼓勵，讓他們感受到自己的付出，確實得到了更多經驗值，多做的確也能多得。

各項個人競賽

聽說代表校際參賽的選手退賽了！因爲他不想參加比賽的培訓。「參加這些個人競賽，到底能夠獲得什麼？」這可能是很多孩子共同的心聲。爲了這些比賽，可能要額外付出大量的心力，若不是自己認同或追求的價值時，很多孩子會選擇直接放棄，特別是看不到眼前明顯的好處時。當然在求學的歷程與生活中，我們本就會有所取捨，也不是所有的比賽都會符合孩子的追求。但若在沒有排斥的情況下，或許「嘗試」能夠爲自己開啟不同的篇章。

指導數年國語文競賽「朗讀類」選手的我，曾碰到一個特別的孩子。她的音色佳、聲線甜美，但因爲沒有經過特別的指導，所以在技巧表現上都略顯生澀。在我們一次次的練習中，她學會了運用更多合適的音調來詮釋文稿。

雖然在國中的市賽中，她只得到了第二名的成績，未能晉級國賽。但上了高中後她仍繼續努力，打敗了校內的各路好手，再次得到代表校方參賽的機會。此時的她，願意犧牲自己的假日前往培訓，甚至提早一小時到校，只爲了有更多的訓練時間。也在這樣的努力下，晉升到國賽殿堂。

當孩子有興趣參加一項比賽的培訓時，也是培養恆毅力的絕佳時刻。「如果沒有得名怎麼辦？」這是很多孩子共同的疑問。然而人生中有太多的事情，本就不會盡如人意。「不是得到，就是學到」，看見努力而成長的技能，看見堅持毅力而增長的耐性，都會讓孩子們更加相信自己的能力。當他們相信自己能夠，那麼生命中的種種挑戰，都將不再是孩子的絆腳石。

在學校生活中，各種班際與個人競賽，都在培養孩子的榮譽心與能力。「一個人走得很快，但一群人走得很遠。」無論是個人或是群體，在培養個人能力外，也能擁有統整、協調的領導力，才是新世代孩子展現的多重實力。

1-5

你家也有被手機偷走的孩子嗎？

每天晚上，小倫跟媽媽都要上演一場大戰。「你有時間為什麼不多看點書，就知道一直滑手機。」「我功課都寫完啦！而且同學大家也都在滑啊！為什麼不行？」看到小倫在滑手機，媽媽就覺得渾身不舒服。

為了這件事，媽媽還特別去買了一個籠子做為「養機場」，禁止孩子滑手機。但道高一尺魔高一丈，小倫常常趁媽媽不注意或洗澡的時候就偷偷打開籠子。在弟弟告狀後才知道，原來媽媽一直沒有發現塑膠籠子的蓋子竟然是可拆的！

因為小倫去補習，為了方便和孩子聯絡才替他辦了一支手機。沒想到這下打開了潘朵拉的盒子，真是讓媽媽好生苦惱。

如果要名列出孩子讓父母最頭痛的事，沉溺於3C產品絕對榜上有名。各種手遊、抖音、社群媒體提供了許多直接且快速的刺激，能夠讓孩子立即得到回饋，滿足需求。不定時跳出的訊息通知，不只是孩子，連大人們都很難對抗手機的誘惑。在孩子無法自控的情況下，有些爸媽會限制使用時間，或是乾脆不給孩子手機，但這樣的方式，又常常會引起雙方的爭執。而孩子沉迷其中，爸媽又無法坐視不理，究竟該怎麼辦呢？

成也手機，敗也手機？

在疫情的推波助瀾下，e化學習已是學校不可或缺的一塊。在教育部「生生有平板」的政策推動下，其實大部分的孩子在學校都有使用過平板的經驗。3C及數位化的學習既已是時代的潮流，也很難一味禁止孩子。像是各種數位教學平台，可能還搭配許多遊戲化的介面，特別受到孩子們的歡迎。而在終身學習時代，他們能夠透過許多網路資源，學習到自己需要或有興趣的知識。我的學生也有不少人開始經營自己的影音頻道，擔任遊戲實況主，甚至已經是網路商城賣家。很多連父母都不太了解的部分，孩子們能靠著各種影片教學無師之通，也是拜網路所賜。

與其把3C產品視爲洪水猛獸，不如好好思考，如何引導孩子使用手機，他們才能培養起使用3C的好處，而不是每天被3C奴役了。也有不少人在國、高中時期，都是由父母管控手機，結果上了大學住校後，每天打遊戲打到半夜三更，甚至差點被二一的例子亦時有所聞。

引導孩子正確使用科技

如果說孩子沉迷使用手機，有部分原因是想逃離和拖延需要做的事，不知道爸媽是否會同意？想想身爲成人的我們，也常在下班後癱坐沙發，只想滑滑手機，轉轉電視，就不難理解其中的原因了。

如果您覺得孩子有沉迷手機的問題，在限定使用時間之餘，更應該先了解孩子是否有內心的困擾點：

1. 擁有時間的掌控感

一天在學校七至八節課，放學後常常還需要補習。大部分的孩子們覺得自己的時間都是被安排好的。而在網路的世界中，他們能夠感到自由，不受拘束。現在也有滿多學校管束手機，所以孩子們都非常期待放學能拿到手機的那一刻。從校門口總是堆著滿滿滑手機的人潮，就可見一斑。

我和孩子們討論過這件事，他們也承認當愈被限制不能滑手機時，心裡更會一直期待能拿到手機的時刻。但自己也有過放假一整天都在滑手機，滑久了之後反而覺得空虛無聊的經驗。所以我們該引導孩子的是「對手機使用的時間掌控權」，或許反倒能夠讓孩子放下對手機的渴望。

2. 即時反饋的成就感

身爲師長的我們，很常會覺得孩子既然有時間，爲什麼總是想著滑手機，卻不多練習一些習題或念書，認爲孩子應該是單純對讀書沒興趣。其實「興趣」這件事是需要「培養」的，從無數小成就中逐漸累積。大部分的孩子都期待看到自己擁有更好的表現。但若在學習成效不如意，讓自己失去了信心時，下意識就想選擇逃避或拖延。

而網路世界不同的點，就在於能給予即時的反饋。我也看過學生一提到念書就提不起勁，卻會爲了遊戲中自己所經營的球隊規畫戰略與進步策略；或是很認眞經營自己的社群媒體，因爲發文的按讚和留言都是非常立即的。這當中的成就感，也趨使著孩子更認眞投入其中。

3. 與人連結的認同感

「這是現在最紅的影片耶！你怎麼會不知道？」「你連抖音都沒看過？是什麼原始人啊？」孩子們的對話，常圍繞著最新的話題，也會靠著這些話題來結交朋友。也許是玩同一款遊戲、追同一部劇，或是看同一個YouTuber。有不少人透過這樣的方式，和朋友產生連結。甚至也有孩子跟我說過，他們會結交來自遊戲或社群媒體的網友，因爲共同的喜好，讓他們不自覺地向網友吐露自己的心事。父母若只看到孩子花很多時間上網，卻沒有注意到背後的連結，自然就不太能理解這樣的行爲。

了解內在需求，試著加以引導

當我們能了解孩子的內在需求後，就不會只著眼在行爲的本身，而是能夠看到後面深層的動機，對於行爲的改變，也就更有方向了。那我們如何去引導孩子使用手機的方式呢？可以從幾個部分來進行：

1. 從禁止到接納孩子使用手機

很多家長看到這裡，可能會想著：「萬一孩子想要無限上綱的使用手機怎麼辦？」但我詢問過不少孩子，在實際的情境中，其實他們並不覺得沒有限制的使用手機對自己來說是好事。甚至也覺得一整天泡在網路上很廢，但因爲沒有更明確要做的事，所以最後就被手機偷走了所有的時間。

2. 明白自己重要的價值觀為何？

孩子們通常都明白最重要的事還是課業或專業技能上的學習，大多也會希望自己能夠掌握手機的使用。當孩子說出自己的價值觀時，也請爸媽不要給予過多的批判與指正，可以善用「你覺得呢？」的問句，引導他們一步步架構起自己做事的優先順序。如果孩子對自己的要求和父母的想法有所差異，也可以試著先溝通看看，或是用孩子的方式實驗過後，再加以討論。

3. 讓孩子自己制訂計畫

討論一天或一週內會在什麼時間使用？可以逐步地建立孩子使用手機的原則。**但請記住不是幫孩子決定，而是和他們一起討論。**當我們把決定權交給孩子時，孩子才可能確實往計畫邁進，而不是時常陽奉陰違了。

同時也讓孩子說說，如果沒有達到自己的計畫該怎麼處理？例如停用手機一週？或是做其他調整。如

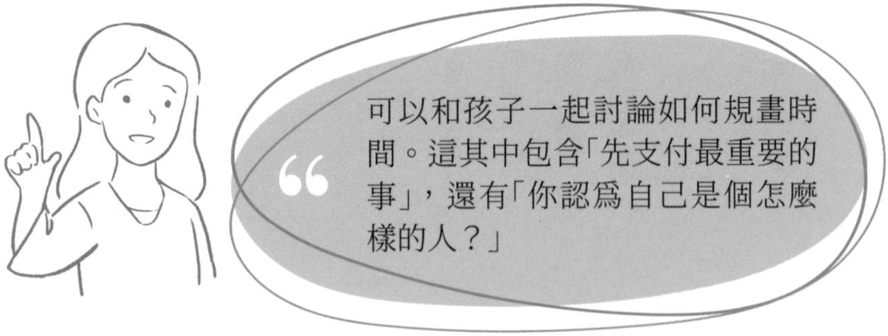
“
可以和孩子一起討論如何規畫時間。這其中包含「先支付最重要的事」，還有「你認爲自己是個怎麼樣的人？」

果孩子真的無法約束自己，爸媽也要確實幫助孩子執行。若一開始成效不彰，也不用太過氣餒，畢竟習慣的建立本來就需要一段時間。特別是慣於使用手機消磨時間的孩子，除了協助他建立這樣的計畫，也要在生活中找到其他重心。可能是與同學去打球、跳舞等等，才能讓孩子從虛擬世界跳出。

然而要訓練孩子真正學會使用手機前，家長也必須放下某些堅持。如果爸媽和孩子討論使用手機的時間，又加諸了很多自己的要求，或者在明定出可以休息的時間中，又忍不住去叨念他們多去運動、看書。久而久之孩子就會明白這樣的訂定其實是假自由，最後可能又會回到原點。

老師們也常開玩笑，沒收學生的手機就像釘住他的魂魄。沒收小說，學生不見得會來找老師拿；但沒收手機，學生一定準時出現，使命必達。當孩子在現實中迷茫困惑時，沉溺於手機也就可想而知了。既然手機如此重要，如果生活中很明確地了解自己安排事務的優先順序，也知道在認真學習，有一定的犒賞時間可以滑手機休閒，與朋友聊天，反而能促進孩子的效率。它可以是學習的神隊友，是頹靡的避風港，也可以是生活的補給品，就端看我們怎麼引導孩子使用手機了。

1-6

我們爲什麼要讀書，爲什麼要上學？

坐在教室看著老師認真地講解，說這些內容都很重要。小倫常常覺得困惑：這些學科知識，到底跟我們有什麼關係？沒有學國文，他一樣會講中文；沒有學數學，他一樣能買晚餐。對於為什麼要來學校上學，他的心裡始終有疑問。有天忍不住在打完球後，問了一下身邊的好友。阿誠說這不是義務教育嗎？難道可以不來上學嗎？小傑說不就是為了要考上一個好高中、好大學，將來好找工作嗎？大家覺得小倫實在是想太多了，幹嘛去想這種事。看著朋友們在球場上的身影，小倫覺得至少在學校還交到了這些好友，也是件不錯的事。雖然沒有解答他的疑惑，但上學可能還是有好處的吧！

二〇一四年法國凱撒電影展最佳紀錄片《逐夢上學路》，拍攝四個來自貧窮國家的孩子（肯亞、摩洛哥、阿根廷與印度），每天冒著路途上的危險，不辭辛勞上學的故事。沒有大衆交通工具的他們，可能必須翻山越嶺，或穿過充滿野生動物的廣大草原，歷經艱辛才能夠到達學校。既然那麼辛苦，那爲什麼還要上學？

我曾經連續問過好幾屆的孩子們：「你們覺得爲什麼要來上學？來上學的目的到底是什麼？」孩子們通常會一臉疑惑地發愣。也許是我們的教育中，很少探究過根本性的問題。對於是否要來上學？爲何要讀書？大家一時間都答不出來。

大部分孩子的第一個回答通常是：因爲義務教育是法律規定的。如果讓孩子自己選擇，好像

> 重要的問題即使折磨人，也只能認眞去思考，並且這種思考是一件很有意義的事情。即使問題沒有得到最終解決，但曾經拿出時間對它認眞加以思考本身，會在你將來想起它的時候，懂得它的意義。
>
> ——大江健三郎，《爲什麼孩子要上學》

來學校上學並不在他們的選項內。那「不來學校上學」要做些什麼呢？孩子們通常也說不上來。這時候會有其他的孩子說：是爲了能考高分，進入一個好學校，將來就能夠找到一個好工作。所以在孩子的心目中，上學＝讀書＝學習＝考試＝好工作的門票。

那何謂好工作？世俗眼中的好工作，是不是就是「錢多事少離家近」一言以蔽之的呢？若是家裡有夠好的環境，是否不工作也可以呢？如此一來，那讀書似乎就沒有絕對性的目的了。如果消除了這個目的，是否就可以不用上學，也不用讀書、學習了呢？

孩子們多半不太理解爲何要討論這些問題，畢竟討論完之後，該上學的還是要上學，狀況看起來並不會有什麼改變。但身爲學習的主體，孩子們一天裡絕大多數的時間在學校，卻無法理解自己爲何要身處其中，同時又要受到校方的管束，還有考不好隨之而來的挫折感，他們自然而然會感受到壓力。

賽門．西尼克（Simon O. Sinek）在著作《先問，爲什麼》中，提出「黃金圈」的概念。許多事的重點，不是在於我們「做什麼」，而是「爲何而做」？關於動機，每個人所面臨的點不盡相同。很多時候可能連身爲大人的我們也說不上來，所以更無法引導孩子叩問自己的內心。然而當孩子清楚知道自己爲何要上學，也明白上學是自己所做的選擇時，他們才有可能展現更強烈的動機和努力。

改變階級與生存方式

如同前述的影片《逐夢上學路》中，由於身處貧困的環境，那些孩子們需要靠著學習來改變自己的生活，甚至是社會階層。像來自印度的阿山，感恩父母願意讓身體殘缺的他去上學，覺得自己是何其幸運，所以更要努力學習，希望自己將來能夠當上醫生，幫助其他不良於行的人！在

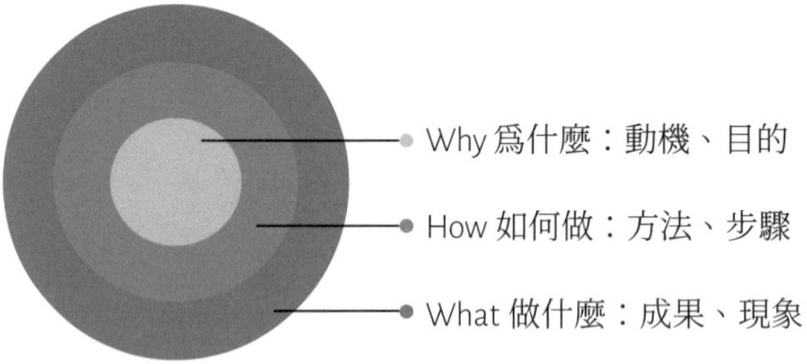

黃金圈

他們的世界中，上學是難得的權利，所以更加深了孩子們想要努力的心情。

對於生活環境沒有那麼惡劣的孩子，生存不見得是困擾的問題。探究自己有興趣的事之餘，我們也該讓他們明白「學習是為了奠定在社會的基礎，並拓展更多選擇機會」。雖然社會上還是能以學歷增加選擇，但重點是在學校學習時，開闊自己的視野，並在過程中不斷發現自己的「專長」與「興趣」，才能進一步去思考將來想做什麼工作、選擇什麼樣的生活方式。

學習，能否為你帶來成長的愉悅及成就感？

荀子在〈勸學〉一文首句即言：「君子曰：學不可以已。」全篇談及學習的意義，在於使自己發揮潛能，成就更好的自己。「假輿馬者，非利足也，而致千里；假舟楫者，非能水也，而絕江河。君子性非異也，善假於物也。」透過外在事物的學習，讓人能夠有更好的發展，並接續提及學習有什麼樣的優點，以及該抱持何種態度。

當孩子還小的時候，對世界充滿了好奇。學習能夠爲他們帶來樂趣及愉悅。但隨著孩子進入了小學，爸媽爲了不讓孩子落居人後，對課業開始注重，許多親子間的矛盾也隨之而生。

父母們的出發點，原先是希望孩子擁有更好的將來。但在孩子的心中，常常覺得自己沒有選擇權，或是明白父母心中的期待，爲了讓父母開心而不斷努力。對於他們來說，學習，就是爲了取得好的成績。這也就不難理解爲什麼很多人一脫離了學生時期，就會覺得「爲什麼要看書？我又不再需要準備考試了」。因爲我們已經把學習和考試掛勾在一起。若是求學時期的表現並不如意，大家對於書籍只會想起壓力與挫敗的回憶，又怎會願意重拾書本？

然而在這樣的升學制度中，勢必會面臨考試的評比。而父母採取什麼樣的態度，也會在極大的層面影響孩子。能夠不被外在評論所左右，不拿孩子的表現視爲自身的成就，才有可能跳脫成績帶來的束縛。此外，若父母本身熱衷於學習，能夠看重學習過程中孩子的成長與轉變，孩子就不會只聚焦於考試的分數了。

而在教學資源豐富的今日，到底爲何需要到學校上學呢？現在不乏在家自學的孩子。若是父母評估後，覺得對孩子較爲適合，家中亦有這樣的資源，自然可以如此。對於許多人來說，如果沒有這樣的條件，其實來學校上學，能夠得到系統化的知識，並且擁有人際互動與交往的環境，對於孩子的成長也較爲全面。

迪士尼樂園告訴你樂在其中的重要性

不知道大家有去過迪士尼樂園嗎？相信去過的人都會被那裡的絢爛多彩所吸引。魔法世界的重頭戲，是一年一度的聖誕節慶。整個樂園會在一夜之間變成充滿冰雪與聖誕裝飾的夢幻園地。這樣的華麗變身，是所有園區的工作人員從半年前就開始精心籌備的成果。

在迪士尼樂園中，有非常多工作人員的資歷超過二、三十年，他們窮盡一生的心血投注在自己的崗位上。在樂園中擔任鬼屋技術指導的李察・

> 所謂的好工作，除了能夠滿足「生存能力」，「意義感」才是能引發個人動機，願意投身其中的關鍵。

米勒在受訪時說到，自己在十二歲時有幸來到迪士尼樂園，對於這裡的種種感到不可置信。這樣的好奇，讓他決定投身於樂園的工作，一做就是二十餘年。有些人甚至是一家三代都在此工作。他們最大的欣慰，就是自己所打造的夢幻世界，能夠讓世界各地的遊客露出驚訝與滿足的笑容，成爲人生中難以忘懷的回憶。

他們也會帶著家人來看自己設計的點燈活動。做出讓自己都覺得驚豔的作品，使人感到與有榮焉，也讓他們願意年復一年地在樂園中施展魔法。

孩子們常常以爲，念書的目的是找到一份好工作。薪資與福利自然是生活中重要的一塊，但這並不會讓我們因此愛上這份工作，而是於此其中，是否能夠具有挑戰性、學到新知，並進而得到認同，這可能才是培養自己能力的目標所在。

對於「爲何要上學」，每個人都有不同的答案。但扣除義務教育這件事，如果「有選擇」的情況下，孩子是否還願意上學？不上學，孩子能否有自己可以接受的替代方案，或是願意承擔那樣的生活方式？而學習，能否引發孩子心中成長的愉悅及成就感？我們都期待孩子能有好的表現，然而該用什麼樣的方式對待不同個性的孩子，才能讓他們感受到樂趣及意義？當他們了解自己，才有可能逐步認識自己，甚至在種種挑戰下還願意堅持自己選擇的路。父母才有可能看到孩子眞正走向成熟與追逐熱情。

1-7 不負責國中生活Q&A

上了國中，孩子們對於新生活一定充滿好奇，現在的國中校園也與爸媽們三、四十年前的經驗相差甚遠，在此列出十個父母與孩子都好奇的問題，爲大家解惑：

1. 現在是十二年國教，那如果不喜歡讀書，到底可不可以不要上高中？

所謂的十二年國教，是延伸原先「九年一貫」的時長，在導向上略有不同外，不變的是六歲到十五歲的國民如果沒有入學，將會對家長處以罰鍰，直到復學爲止。

很多家長和孩子對於「十二年國教」不太理解的地方是國、中小一定要去上學，那麼將來也一定要念高中嗎？

基本上來說，這是孩子們的「權利」而非「義務」，但如果真的不想念高中，也是可以自由選擇的。通常沒有很明確要像賈伯斯、比爾・蓋茲一樣在車庫創業，或是家裡根本沒車庫的話，一般人都還是會繼續升學的。

既然國中是強迫入學，以前那種「被記三大過退學」的事也不再出現，要拿到國中畢業證書比以前容易許多。順帶一提，現在高中已經取消以前的「留級」制度，而是用「重補修」取代，所以班上已經不會再出現比同學們大，一開學就當班長的學長姐啦！

2. 上了國中可不可以讓孩子去福利社買午餐就好？

很多爸媽的童年時光就是下課到福利社去買點好吃好玩的。電影《我的少女時代》中，和喜歡的人在合作社碰面，也是青春的美好回憶。

不過現在國中、小多半都沒有福利社了（註 1）。畢竟和 7－11、全家比起來，傳統福利社的吸引力實在差太多了。所以大部分還是跟小學一樣，吃學校營養午餐、自己帶的便當，或是有時候熊貓媽媽也會幫大家送點外賣過來。

因此大部分的時候，孩子都很餓。他們會爲了得到老師手上的餅乾跟棒棒糖，使出渾身解數，只差沒有擺旗耍大刀。所以爲了讓零食能夠持續發揮誘因，福利社還是繼續消失好了（誤）。

3. 聽說國中男生都要打籃球才帥！這是真的嗎？

國、高中男生對籃球的熱愛，通常僅次於食物和手遊。只要一打鐘，就會看到各個班都有從教室門口抱著球飛奔出去的男生（有時候也有女生）。甚至有人會把球藏在花叢裡面，這樣跑出去才不會太顯眼。下課十分鐘，從教室到球場來回兩分鐘，再輪流投籃，就算摸到球不到三分鐘，他們還是覺得很高興。

也有些人喜歡羽球或排球，總之能夠出去跑跑跳跳，不用坐在教室裡就是他們最開心的事。每次他們看

著別人要離開教室去上體育課，那種羨慕的眼光，好像心裡都在吶喊著：「教練，我想打籃球！」

4. 什麼社團課在同學間最為熱門？

從七年級開始，每週會有一堂社團課。因爲社團的名額有限，熱門的社團和演唱會的票一樣難得。除了專業性質需要甄選的社團，一般來說，男生的首選通常是運動類，畢竟男孩常看起來有用不完的精力。比較文靜一點的男孩，可能會選電腦資訊社或棋類社團，或許可以碰到像黑嘉嘉這種千年一遇的美女棋士對弈。

女生則是受到韓流影響，喜歡韓團明星的就會選擇熱舞社大秀肢體一番。「안녕하세요你好嗎？」的韓文社也是熱門首選，再不然就是創作類的社團：漫畫、手作小物、甜點都是女生很多的社團。還有一部分的人不分男女，只想在社團課好好放鬆，不想帶作品回家，所以桌遊或是電影欣賞社也頗受歡迎。

5. 孩子被記過會不會留下污點？

其實不少家長會擔心這個問題。畢竟自己以前都是循規蹈矩的學生，被記過聽起來就十分嚴重，或是自己以前也是「漂泊少年家」，什麼打架、翻牆、翹課都做過了，但如今「浪子回頭」，希望孩子最好別像自己一樣沒事進出學務處。

不只是家長，很多老師對於要打電話告訴父母「不好意思，你的孩子被記警告了」，然後爸媽可能會一陣情緒崩潰對這件事感到壓力十足。這個問題通常是小皇帝本人不太在意，而是父母和老師一起煩惱。

因爲以往「記過」這件事，好像是常規很差的孩子才會被校規懲處。然而大家也別忘了以前的老師手上都有各式各樣的武器：藤條、椅板、熱熔膠條、愛的小手。同學們會評論各個老師使用的器具，只差沒有請老師們去「華山論劍」比試一番。所以通常是家法伺候完，也就不用送到學務處了。

可是時代變遷，老師們的兵器早已退隱山林。赤手空拳闖盪江湖，又碰上年輕氣盛的青少年，不是上課愛講話，屢勸不聽，就是不交作業，不打掃，採取「不聽、不理、不接受」的三不政策。這時老師只剩耍耍嘴皮子，揚言：「再這樣就記你警告喔！」然後，爸媽就接到警告通知了。

當然也有些孩子是屬於乖巧但粗心大意的那種，父母可能會覺得怎麼狀況沒有很嚴重，老師就要記警告？這時候可以把警告視爲是一種「提醒」，讓孩子做得更好，不見得是一種懲罰。講得直白一點，現在的教育環境，除了警告和發揮個人魅力柔性勸說外，老師們也沒有太多能約束孩子的方式了。

畢竟大家也不希望老師因爲覺得管教孩子過於有壓力，而選擇放生常規，所以適當的獎懲制度還是有其必要性的。況且面對這點，父母也不用太過擔心，因爲現在的警告策略，都會配合著「銷警告」的制度，所以只要孩子能夠在畢業前透過「愛校服務」或是其他的消除警告方式，基本上並不會對孩子留下污點紀錄。

但特別提醒，有些縣市在超額比序中，有「小過」以上紀錄的人會無法在該項目中得到滿分，因此也要提醒孩子避免觸犯較嚴重的校規。

6. 既然可以銷過，那要做些什麼呢？

「老師！你有沒有什麼事要幫忙的？我們午休可以來找你嗎？」通常很皮的孩子突然和顏悅色的出現「主動」要求幫忙，不用多說，八十%就是來找你銷過的。一般來說，銷過分爲幾個項目：幫助任課老師處理事務；透過「愛校服務」，像是打掃校園環境，擔任校園活動志工；或是擔任班級小老師、幹部、社團負責人，都有可以銷過的機會。

老師們有時候爲了要幫這些孩子銷過，還會幫他們在班級中安插職務，讓大家可以透過工作銷過。老師自己記學生過，還要自己幫忙銷過，心中也是百感交集。所以爸媽們下次再接到孩子被記過的通知時，請手下留情，給老師一點解釋的空間，並一起討論如何協助孩子導正行爲與銷過，才是幫忙孩子的良方。

7. 如果要讀書，應該是去補習班？留在學校晚自習？還是跟同學約去圖書館？

關於這個問題，可以用一個原則判定：「自己有沒有辦法自律讀書？」如果不太行，那留在學校晚自習可能比去圖書館更好。因爲去圖書館，通常會碰到同學，同學八成會來找你聊天、買飲料，有些還找你一起去上廁所。最後一整晚可能吃飽喝足，心情愉悅，但書沒有念到多少。

晚自習至少還有限定活動的範圍和時間，只要不是在學校補眠，從頭睡到尾的那種，應該都還可以有些進度。如果定力更差的，只好選擇補習班，有老師會走來走去叮嚀你，幫你安排複習進度，連測驗卷也準備齊全，就像全自動汽車美容，比自己沖水洗車來得省事。

8. 如果我們念的是完全中學，那要不要直升高中呢？

完全中學的好處，就是在這樣的體制下，只要達到校內成績的門檻，就可以選擇直升校內高中或參加「外考」，也就是和一般學校的學生一起進行教育會考。一般而言除非是要拚前三志願，不然的話大部分的人通常會選擇直升。

好處是可以免去教育會考的壓力，甚至可以把眼光放遠，著重於大學的科系，學習環境也較爲熟悉；外考則是會接觸到較多樣貌的同學，校內的資源就要視學校有所不同。

有從小就是念同一所私中的朋友和我分享，他在高中時選擇了外考。考上建中後才發現原來外面的同學這麼多采多姿，讓他大開眼界。但也有人認爲到大學再接觸就可以了，學習如何自主管理更加重要，各有優劣，可能要衡量孩子的個性和爸媽的規畫而定。

9. 什麼是技藝班？是不是成績不好的人才會去？學習這些可以幹嘛呢？

基本上如果很早就確定自己要走技職教育的人，就可以考慮參加技藝班。並不一定代表成績差才會去參加技藝班，只是有些人很明顯喜歡手做的課程遠勝於在課堂聽講，每天坐在教室都只想放空，不如將時間利用在更有興趣的地方。

通常學校在八下就會開始調查意願，一旦決定參加，在九年級時就會被安排技藝班的課程，大概是每週三節。參加技藝班的孩子會到臨近的高職或合作單位上課，其他時間就照原課表上課。

至於上技藝班有什麼好處呢？有些同學是覺得比較早能接觸不同職群

在做什麼，對於自己要選哪一科比較有概念。像有同學選了廣告設計科，就發現原來只會畫漫畫是不夠的，可以更早去學習專業科目的內容；有些人則是透過得到「技藝優良競賽」的名次來升學；還有人則是每次上完餐飲科的課，都會做餅乾給男友，幫助感情升溫（誤）。

總而言之，如果已經確定不往高中發展，在參加技藝班後，大部分人都會比較了解自己的方向，有些人也透過各種方式早早進入高職，不一定要等待會考結果，整體而言幫助還滿多的。

10. 聽說去考科學班的都是怪物學霸，真的嗎？念科學班可以做什麼？

差不多，而且都是學霸中的學霸。目前全台灣約有十間高中開設，只要是應屆國中生皆可報考，所以你的對手就是該地區的高手。通常一個學校只開一個班，錄取的名額很少。

考試內容包括數學、自然科學、語文能力檢定，像建中科學班還會取筆試成績前六十名的人再參加實作測驗。進入科學班以後，通常在高一、高二就會上完高中三年的課程。高三通過資格考後則會與合作大學進行專題研究或專科課程。例如建中和台大合作、師大附中和台師大及陽明大學、台中一中和交大合作等。

聽起來雖然很厲害，但不是每個學霸都會想去念科學班。因爲科學班在課程上會超前進度，自己也要有能力吸收。以前念建中的國中同學跟我分享，他在念建中以前，覺得自己還滿厲害的，是全校前幾名，根本人中龍鳳。念了建中以後，才發現自己微如草芥，因爲變態的高手實在太多，不像他是苦讀上來的，所以念科學班壓力頗大。雖然對申請大學會有一定幫助，但不僅要考得上，還要念得下，面對一堆怪物同學，這時候是不是慶幸還好自己也沒這個實力，不用去擔心這種問題了。

對於國中生活，爸媽們若還有各種疑問，也別忘記常去瀏覽學校官網、善用學校資源，或是詢問校方與老師，相信都能得到更快的解答！

註1　因爲在「校園飲品及點心販售範圍」規定中，限制國中以下的學校可販售的飲品爲百分之百果（蔬菜）汁、鮮乳、保久乳、豆漿、優酪乳、包裝飲用水及礦泉水等七種液態食品。並遵循飲品及點心食品一份供應量之熱量應在二五〇大卡以下。

2

成長路上的難題

2-1 如何成爲孩子的朋友？

等待女兒舞蹈班下課的時間，小玲媽媽和小美媽媽在附近的咖啡廳聊起天來。

「我們就是要當孩子的朋友呀！所以我大部分的事情都讓小美自己決定。」小美媽媽這麼說著。

小玲的媽媽聽著，心裡不禁生起疑惑。確實自己和女兒現在的關係比較僵化，聽說小美這學期不想上學校的課後輔導，媽媽也順著她的意思，相較之下小玲就覺得媽媽很不開明。

她也看過小美母女倆的互動，的確很像一般的朋友，不像自己還是會要求孩子要有一定的分際和禮貌。

「我也想和孩子當朋友啊！但難道一定要犧牲管束嗎？」媽媽不解地思索著。

都說父母難爲，這個時代更是如此。很多新一代的父母走過高壓的升學時期，不希望自己的孩子受到同樣待遇，對於很多要求和未來的設定上都會較爲開明，也期許給予孩子更好的學習環境。不僅能接受不同的升學路徑，甚至努力學習各種教養觀念，深怕一個疏忽，就錯過了孩子的黃金成長期，這眞的要爲現在的父母好好鼓掌一下。

人家說「孝子、孝子，孝順孩子」，這樣的父母其實並不少見，常常深怕做了什麼事情，會讓孩子不開心，也不敢對他們的態度太過強硬。這種種的一切，都顯示了父母對孩子的重視還有疼愛。父母們當然都希望能夠建立良好的親子關係，但在這之中又該如何拿捏分際？就是很多父母心中的疑問。

特別到了國中階段，青春期的孩子情緒本就較不穩定，也很容易被碰觸到心中的敏感地帶。身爲師長或父母的我們，到底該如何當孩子最厚實卻成熟的朋友呢？

讓彼此的關係建立在信任之上

「老師！我不敢糾正我的孩子。因爲他跟我說如果我再念他的話，他就要去跳樓！」多麼嚇人的一句話！這會讓任何十月懷胎的母親都立刻投降。在電話那頭的我，感受著母親的束手無策。

那是個時常攜帶違禁品到學校的男孩，很多人都說他在學校外面混幫派，抽煙、喝酒樣樣都來。我打電話給他的父母，才知道父母已分居多時。父親外派中國，孩子跟著母親生活。但因母親平時工作忙碌，所以彼此並沒有太多對話的時間，更遑論了解孩子的內心。只要媽媽的管束多一點，他就會揚言要去跳樓輕生，讓現在的她也不敢對他太過嚴格。

聽到這裡，我心疼著媽媽和男孩的處境。明明是最親近的家人，卻有著這樣遙遠的距離。孩子的內心沒有被眞正的理解和滿足，所以要用這樣的方式來回應。

很多父母也會疑惑孩子爲何喜歡和自己不認同的朋友來往？其實抽絲剝繭，孩子們願意交朋友的對象，多半不會給他討厭的感覺，甚至能夠融入自己的生活，也不會一見到自己就充滿評論與糾正。他們覺得跟這些人在一起很愉悅，覺得被接納包容，這可能是他們在其他地方難以獲得的。

而我們想要當孩子的朋友時，並不是一意的順從，而是取決於自己能不能夠給孩子這樣的感受。也許我們不能完全取代他們的同儕，但我們能夠成爲他們信任的對象。曾經有個導師班的小女生偷偷跑來辦公室和我說：「老師！我可以跟你討論一件事情嗎？我喜歡某某某，我在思考畢業前要不要跟他告白。」多麼浪漫的青春紀事，而我也站在客觀的角度傾聽她的心聲。我們要明白，孩子一定是足夠信任你，才會願意和你聊很多心事，如果他清楚說這些事情會被立下判斷，那他自然很難跟你建立互信的關係了。所以想想自己的孩子，是否能和你分享他的心事而不受評斷，就能理解你們的親密程度了。

我是你最親愛的爸媽，也是你未成年前的法定代理人

很多爸媽因爲怕孩子生氣，所以和孩子在講話的態度上也會比較客氣，卽便對孩子有不甚滿意的地方，也不太敢出言糾正，深怕破壞彼此的關係。其實當彼此有足夠的信任度時，孩子們會明白你對他們的在意及關心，也能接受你給他的引導和糾正。所以我們要努力的點，不是去避免衝突，而是如何能夠讓你相信我，並且知道在你還沒有成年前，父母的角色是什麼？

記得有一次，九年級會考前的寒假。有一位同學沒有到班上課，我致電給媽媽。

「他一早就出去啦！我也不知道他去哪裡？」

我疑惑地問道：「但他應該要來學校上課呀？所以媽媽不知道他去哪裡了嗎？」

媽媽語氣無奈地說著：「他就說他有事呀！我也不知道他去哪裡！」

雖說是寒假期間，但孩子沒有到校上課時人在何處，媽媽其實也不太了解。如果在這段時間發生了什麼事，父母也很難置身事外。我們和同儕最大的差別，就是我們擁有成年人的判斷能力，也必須用以引導孩子。

在民法中提到，在十八歲成年以前，「法定代理人」是爲了協助無行爲能力人和限制行爲能力人在進行法律行爲時，代爲或從旁協助意思表示。

爲什麼未成年人會需要法定代理人或監護人呢？就是因爲青少年在限制行爲下，也在學習如何做出適合的判斷及選擇。在他們成年能夠承擔一切事情之前，父母的角色應該是如何陪著他們去衡量事物的得失，並引導孩子做出適合自己的抉擇，這樣才是他們最好的朋友。

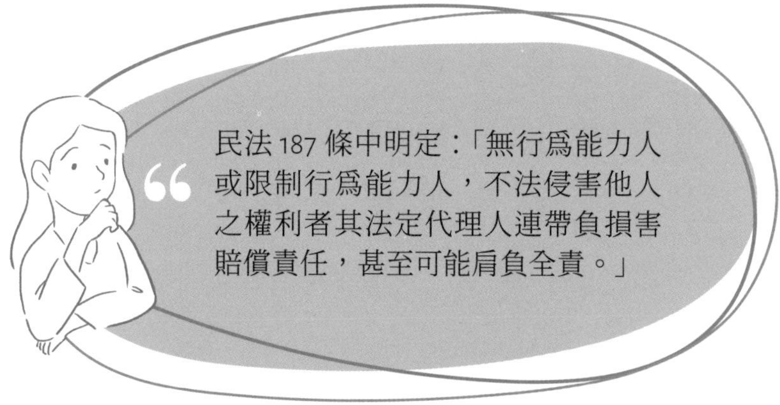
“
民法 187 條中明定：「無行爲能力人或限制行爲能力人，不法侵害他人之權利者其法定代理人連帶負損害賠償責任，甚至可能肩負全責。」

分析利弊得失，引導並尊重他們的決定

當孩子逐步成爲青少年時，父母可能要開始辨別：什麼事情是可以讓孩子自行決定的？而什麼事是必須讓他們承擔起責任的？在校園中，常常看到很多孩子犯錯後，都是由家長來道歉做爲收尾，但當事人本身好像沒有那麼大的歉意和懺悔之心。雖說監護人有權爲孩子的行爲肩負起後果。但身爲青少年，確實也要清楚何時該爲自己的行爲負責。

曾有個孩子因爲惡作劇，把另一個男同學的頭頂剪出了一個洞。被剪頭髮的同學很生氣，我也將這件事通知了雙方家長。而那個惡作劇的男孩家長，帶著孩子到同學的家中，不僅爲這件事展現歉意，更讓自己的孩子親自跟同學道歉，要他明白的是：「做錯事的是你，父母會和你一起承擔。但你還是必須自己去面對這樣的過失。」也希望老師對孩子做出相對應的懲處，而不是一味容忍孩子的行爲。

成爲孩子朋友的過程中，青少年更仰賴的是父母如何引導他們的未

來。有位好友曾和我分享他替孩子安排學校的經驗。當時的她思索著，是要讓兒子選擇離家比較近的公立學校？或是距離比較遠，但風評不錯的私立學校？

幾經思量下，她認爲上學的主體是孩子，再加上自己的孩子也滿有主見的，所以她收集了兩間學校的各項優缺點，分析給即將要上國中的兒子聽，讓他自己決定。因爲無論如何選擇，都是兒子接下來三年必須待的環境，也讓他學習承擔自己的選擇。她說後來兒子選了離家近的公立學校，更利用多出的通勤時間去上了自己喜歡的才藝課。母子倆都非常喜歡這樣的對話，兒子能夠相信媽媽爲他蒐集的資料和分析判斷；媽媽也能夠在衡量利弊後尊重兒子的選擇，這也許就是和孩子成爲朋友的關鍵。

良好的親子關係，不應該是建立在盲從附和，甚至無法說出內心眞正感受的狀態。在孩子青春的路上，常常是迷惘不知所措的，所以不只是成為孩子的朋友在一旁陪伴他支持他，更重要的是成為引路人，為他照亮前行分歧的道路，也尊重他的選擇。這樣的親子關係，相信都能爲彼此的人生帶來滋長的養分。

2-2

我的孩子也患上了容貌焦慮嗎？

戴上變色片，捲上髮捲。看著鏡中的自己，小玲還是感到不那麼滿意。特別是最近被同學說自己太胖，讓她忍不住開始節食，學習如何化妝，希望自己拍照的時候可以看起來好看一點。牆上貼著自己喜歡的韓國女團，每個人看起來都是那麼漂亮。腿那麼長，身材勻稱，五官、臉型都趨近完美。心中也羨慕著好友珍珍。她的皮膚白皙，稍加打扮就十分吸睛。每次在抖音上的影片也都有很多點讚數。反觀自己，為什麼做了同樣的裝扮，看起來卻那麼普通？讓小玲對自己的外貌更加缺乏自信了。

有不少孩子都同意，他們有容貌焦慮或身體臆形症的困擾。大部分的人對於自己的外在多半都不夠有自信，除了課業，容貌也成爲孩子們壓力的來源之一。

除了課業，顏值也成為孩子的關注焦點

「你們在用什麼啊？那麼香！」上課巡堂時，我走到兩個小男生的身邊，傳來一陣香味。

「那是乾洗髮啊！不然頭很容易出油耶！」

「那這一罐又是什麼？」我指了指旁邊另一瓶。

「那是體香劑啦！不然女生都會說我們很臭。」

現在的男孩女孩，對於自己顏值和打扮更爲注重，這似乎也成爲他們建構自我形象的一大方向。在外型上更有自信的人，可能在現實生活，甚至網路上都能受到一定程度的肯定，所以很多的孩子也早早開始追求起顏值。有孩子和我說，他已經存好錢，打算高中就要去微整。對於自己外型

不夠滿意的人，也會從ＩＧ、YouTube、小紅書、抖音等地方搜尋有什麼化妝或打扮的方法。

不諱言這是社會價值的影響，其實沒有絕對的好壞，不少家長也會主動帶孩子去打扮。擁有讓自己賞心悅目形象，確實也能增加孩子的自我肯定。

為了追求外表，不惜捨棄一切的孩子

「老師，我覺得編輯畢冊的人根本是討厭我。」這個看起來時髦的男孩，用抱怨的口吻向我訴說著。

「爲什麼會這樣認爲呢？」我十分不解地問著。

「因爲他們放了很多張我以前很醜的照片。這樣全校的人都會看到我的醜照耶！他們根本就是想看我的笑話嘛！」

從七年級到九年級，這個男孩確實不斷「進化」。從一進學校時的純眞可愛，到後來熱衷於打扮，積極求新求變。燙捲頭髮、漂髮、化妝、買衣服，所有和外型有關的事情，都是這個孩子關注的焦點。上課時，他總是照著鏡子，然後想辦法改變自己不夠滿意的地方。

有天看著這個孩子，我還開玩笑地說了一句：「你改變的速度太快，我都覺得快要有點不認識你了。」沒想到，很快就接到一通電話，是學務處打來的。

因爲孩子繳交的畢業照和本人的差距實在有點大，所以組長請我去確認這是否是孩子的照片。我看著寄過去的圖片，看起來確實還是同一個人，只是被App修圖後，看起來眼睛比較大、鼻子比較挺、皮膚比較白，還多了微笑唇及腮紅，像極了韓國偶像。當學校要求孩子繳交原圖時，孩子不情願地聲稱：「但我就是長這個樣子啊！」

雖然這件事被同學們當成茶餘飯後的聊天話題，但我卻深知孩子的心中對外在這種難以理解的狂熱，是一種「自我肯定」的方式，想獲得他人稱羨的眼神，來提升自我價值。

網路聲量，成為即時回饋

這樣的容貌戰場，也從實際生活轉戰到虛擬世界中。只要放上幾張好看的照片，下面的按讚及留言數就會爆增。而且網路上永遠都不缺乏好看的照片，好像擁有了顏值，發展任何事情都能如虎添翼。所以有些人會特別去研究穿搭，用什麼姿勢拍照，或是到特別的網美餐廳、景點取景，就是希望自己能擁有受到關注的照片。

再加上大多數孩子都有自己的社交軟體，不少人坦言，他們會在意自己放上的照片有多少按讚數，有些人也會因此苦思如何吸引目光。好看的人總有特別多人喜歡，似乎很多事情的價值，都是奠基於一個人的外表，也是網路上的流量密碼。讓本身不夠有自信的人，對容貌的焦慮感更爲加深。

「外表好的人，本來就比較吃香啊！」這個酷愛打扮的男孩這樣說著。這確實是主流文化價值之一。當看到孩子深陷於外表而苦惱時，我們能夠從什麼角度和他們探討這些議題呢？

了解孩子對外在抱持什麼樣的價值觀

不知道大家有沒有發現，在觀看媒體報導時，常會放大明星的顏值，特別是女性的。模特兒卡麥隆·羅素曾在TED演講中說到：「模特兒大概是地球上最沒有安全感的女人。」無論她們已經有多麼出眾的外型，總是會希望自己是否可以再瘦一點、再漂亮一點。曾經與高中剛畢業的女孩聊天，我說：「恭喜耶！要成爲大一新鮮人啦！」只見女孩嬌滴滴地說到：「可是脫離高中，我們就老了耶！」彷彿年輕貌美，是每個女孩期盼的保鮮期。而男性雖然在外貌的要求上不似女性那樣多，但也有著他們的焦慮感。

當主流文化不斷強調這些價值時，讓人確實很難不以此來評斷自己。假如孩子不爲此所苦，那自然還好；但倘若孩子也有同類的困擾，我們又可以怎麼引導他們轉化思考呢？

良性追求外在，逐步建立自信

很多時候，孩子可能看到某些明星身材很好，顏值很高，就覺得十分羨慕，好像這些人是中了基因樂透，天生就是這樣的好看。然而這可能是資訊的表象，殊不知很多光鮮亮麗的背後，也許來自於非常嚴格的飲食控制，認眞的健身鍛鍊，或是專業團隊的打造與設計。我們要讓孩子認知到，身而爲人都有其局限性。

我們可以跟孩子們討論在這些形象的背後，對方可能付出了什麼樣的努力，自己又可以做什麼與之看齊。有些孩子爲了長高，努力運動；有些人不喝含糖飲料、不吃炸物，以免青春痘上門；還有些人固定早睡，維持膚質狀況。當他們把對容貌的焦慮轉化爲具體行動時，也能讓自己感受到持續的變化與動力。

協助孩子發現自我價值，建立內在自信

當群體和旁人不斷關注於外在時，好像所有的價值，都是來自於此，讓很多人將自己最美好的青春歲月，傾力追求外表的美麗，卻忽略了發展自身內在的優勢。然而容顏與身體終將不斷老去，只有學識和智慧能夠伴著歲月慢慢成長。

特別在國、高中階段，孩子們對彼此的言語常常尖銳且傷人。有些孩子對於別人在他外表上的冷嘲熱諷，總是能一笑置之。因爲他知道別人的玩笑並不會影響他是如何看待自己的。換言之，他有強大的自信以及內在價值感。

有些人雖然在顏值上不那麼突出，但是個魔術方塊達人，大家對他的技巧瞠目結舌；或是個體育健

心理學家佛洛姆說：「青少年期最重要的課題是尋找和確立一個自我形象。」

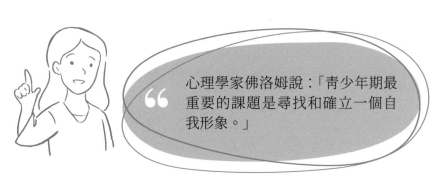

將，帶領同學贏得班際球類競賽；又或者充滿幽默感，讓人覺得他說話很有笑點。當父母協助孩子發展顏值外的特點和興趣時，找到特長的他們，就不需只將焦點放在外表的追求了。

容貌難道不是一種價值和力量嗎？確實是。我們不可能完全捨棄顏值帶來的力量，但我們不該只用這件事定義自己。特別在青少年時期，孩子們對自我圖像並沒有非常完整的建構，容貌的焦慮也較以往更早地出現困擾孩子。引導孩子面對這樣的文化，並且找到自我重心與價值，才能讓顏值成為自己的加分項，而非唯一選項。

2-3 孩子是不是被霸凌了？

最近小玲一回家，就把自己關在房間裡，媽媽覺得很奇怪。晚飯時間問她最近在學校的生活，孩子也愛理不理，甚至講沒兩句就生氣，讓媽媽覺得有些擔心。打電話給老師後才知道最近有一些同學會取笑小玲的口頭禪，還會模仿她，讓她覺得既生氣又委屈。

媽媽和孩子談論這件事情時，小玲邊談邊哭，覺得自己很不被尊重，而且同學們講到她時總露出一副不屑的神情，讓她覺得很受傷。聽在媽媽耳裡，真是心疼極了！

孩子會不會被霸凌？根據兒福聯盟二〇一九年對台灣家長在「校園霸凌之認知與態度」的調查中，發現逾九成的家長擔心孩子在學校會遭受霸凌。（註 1）

校園霸凌也是全球重視的國際議題。因爲霸凌對孩子的身心狀況都會帶來巨大的傷害。有很多孩子因此情緒不穩定，容易暴怒，或是自尊受到傷害，長期帶來各種心理問題，連帶也會影響到學業成績的表現。如果您的孩子也有下列的狀況，就要小心他是否碰到了霸凌：

- 情緒低落，有失眠或做惡夢的狀況
- 不想談到朋友，也不想和朋友來往
- 成績無故嚴重下滑
- 假借各種原因裝病或不想上學
- 日用品常無緣故的損壞或遺失
- 身上常常有無法解釋的傷痕
- 有明顯厭世的狀況，自殘或是有自殺意圖所謂「霸凌」指的是個人或集體持續以言語、文字、圖畫、肢體動作或其他方式，直接或間接對他人出現貶抑、排擠、欺負、騷擾或戲弄的行爲，也影響了他人的學習與生活。所以不只是身體上的傷害，只要產生讓人心理受創，造成痛苦的行爲，都可以視爲是霸凌的一種喔！

你以為的開玩笑，不小心就變成言語霸凌

這大概是最常見的霸凌狀況。用言語來侮辱、貶低、恐嚇或威脅同學。在班級中最顯著的行爲，就是「取綽號」和「嘲笑」。

爸媽可以回憶自己的成長過程，很少有人從小到大都未被取過綽號的。有些綽號很可愛，但有些綽號就不見得是每個人都能接受的了。通常是叫的人很開

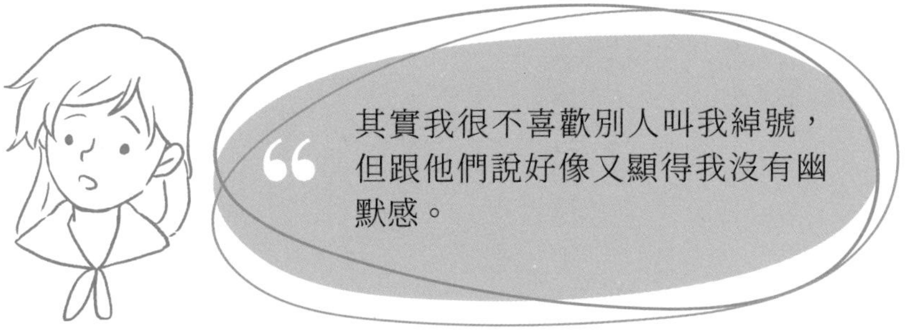

其實我很不喜歡別人叫我綽號，但跟他們說好像又顯得我沒有幽默感。

心，但聽的人大翻白眼。

還有很多人會刻意模仿同學的動作或口頭禪，其他人覺得好笑就會跟進或是品頭論足。有些被模仿的人會覺得無傷大雅，但大部分的孩子會覺得很討厭。因爲隨便做一兩個小動作，或是一講話就會引來旁人的關注。

有些人則會用互揭瘡疤的方式相處。例如嘲笑同學告白失敗的事，或是一些不爲人知的秘密。「在別人傷口上灑鹽」是很多國中男生的相處方式。但這些笑聲的背後，每個人心中的感覺是什麼就不得而知了。

「不喜歡就孤立他」的關係霸凌

在班級中最能看出這種情況的，就是「分組活動」。像畢業旅行這種大活動，有人早在三個月前就已私下找好組別與同房間的室友，可見他們對於「分組」的重視性。

爲什麼有些人沒有願意和他同組的人呢？我曾經私下詢問學生，發現他們通常不喜歡的人，可能是個性較難相處，容易情緒化，有公主、王子病，喜歡事事以自己爲主的；或是他們認爲個性很奇怪的人：舉凡講話不好笑、喜歡嘲諷別人；再或者是因爲個人的身體獨特性，例如有異味、口臭、看起來髒髒的等。

另一種就像許多校園片中的劇情，可能是得罪了比較有權勢的同學，或是與某些人吵架導致被排擠，讓這樣的孩子在團體中顯得越來越沒有地位，甚至會被這些人聯合孤立以達到報復的效果。

「老師我不要跟他同一組啦！」

「喔！你幹嘛跟他講話啊？」

一旦被同學貼上這樣的標籤後，大部分的人也不會想跟他同組，可能因爲不喜歡他，或是擔心被歸類爲同一伙。久而久之這樣的孩子在分組起來就會呈現弱勢的狀況，變成班上的「邊緣人」，也得不到同學間合理的對待。

有些人則是因爲自己曾被霸凌過，所以反過來去霸凌別的孩子，讓自己不會成爲班上最弱勢的「反擊型霸凌」，這些都會讓霸凌的風氣在群體間不斷延燒。

討厭他就靠網路霸凌出氣

現今的社會中，網路和現實生活已密不可分。我曾處理過兩個家長到學校來吵架的事件，因爲他們的孩子在網路上針鋒相對，媽媽們看到留言實在氣不過，把戰場搬到眞實世界來。

除了這種互相留言的吵架外，更多時候是隱藏在虛擬世界的批評。看不慣同學的行爲，但當面說實在太過尷尬，到底該怎麼排解呢？這時就會轉而到網路上發洩，像很多「靠北社團」或「爆料公社」就是如此。

我曾發現班上有個平常開朗的女孩，那陣子看起來鬱鬱寡歡，關心了一下她的情況，才知道原來她在網路上看到了攻擊自己的留言，也被影響了情緒。

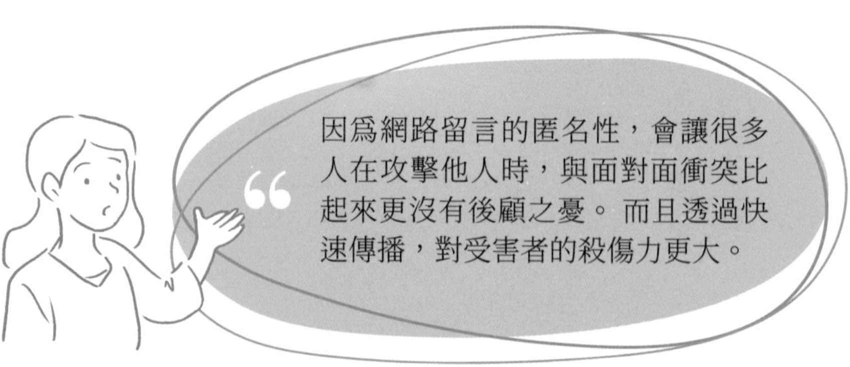
“因爲網路留言的匿名性，會讓很多人在攻擊他人時，與面對面衝突比起來更沒有後顧之憂。而且透過快速傳播，對受害者的殺傷力更大。

「老師！我眞的不知道那個留言是誰寫的，她說我暗戀學長，還說我是綠茶，但是他寫的又不是全部的事實。」

這些留言就像一根根心頭刺，讓人久久揮之不去。也曾經聽過有許多分手的情侶挾怨報復，就將彼此的對話公諸於世，希望引來網路公審；或是隨意散播對方的照片，公布對方隱私，讓其他不相干的人都加入評論。可能光是一次的發文，就能夠反覆折磨這些孩子，造成長期的網路霸凌夢魘。

直接欺負，讓人受傷的生理霸凌

把同學關在廁所欺負，直接推倒或打傷同學，對受害人的身體造成直接性的傷害，在我的求學時期也時有耳聞。爲什麼會這樣去欺負同學？可能是透過對同學的傷害或行爲掌控，讓他們覺得自己很有威脅性，別人會因此順服而感到優越。

紅極一時的韓劇《黑暗榮耀》，敘述主角在高中時期遭到同學的生理霸凌，成年後踏上復仇一路的故事。劇中令人瞠目結舌的霸凌手法，其實也眞實在校園中上演過。這樣的霸凌不只對受害人的身體有直接傷害，心靈上也有不可抹滅的傷痕。就像這個故事中，一道道傷疤訴說著被霸凌的經過。或許加害人早已忘記當時的惡行，但受害人卻窮盡畢生的力量，只爲了向加害者討取公道。在心中留下的傷害，經歷數十年仍難以平復。

如果孩子碰到了霸凌事件，爸媽們可以怎麼做才好呢？

雖然家長們都十分擔心孩子碰到霸凌事件，但根據調查卻顯示有三分之一的家長從未和孩子討論過霸凌，或即便知道了霸凌事件，也有四成的家長不會特別處理，顯現許多家長並不知道如何協助孩子面對。

通常孩子被霸凌時，家長會優先期待學校或老師能加以處理。此外有三十六・四％的家長會選擇直接找霸凌者或家長理論。就曾碰過爸爸因爲不滿自己的孩子被欺負，二話不說到學校來要找霸凌者討公道，場面一度混亂的情況。

而有三十六・二％的家長希望孩子容忍霸凌事件，認爲忍耐一下就過去了；更有二十六・八％認爲是孩子自己的問題。「你是不是做了什麼，人家才會講你？不然爲什麼班上那麼多同學，人家只針對你？」這些話語，暗指是孩子自己招惹這些行爲的，都會對他們造成二次傷害。

整體而言，爸媽多半都是心疼孩子的處境，但若是一開始情緒過於激動，或是怪罪孩子怎麼不早點說，不懂反擊，也會讓他們陷入更大的自責中。所以爸媽此刻的冷靜，將更有助於自己成爲孩子的心理支持。這裡和爸媽分享三個小步驟，如果遇到這些事情時可以試著這樣處理：

1. 先聽聽看孩子的敘述，了解事件發生經過

如果孩子不願意多談論這件事，可以透過相熟的長輩、朋友、輔導老師，或是相關的專業人士，讓孩子能夠吐露自己的遭遇，也讓他們說出自己的心情。爸媽也可以詢問學校的老師，在多方比對下去拼湊出事情的樣貌。

2. 直接請老師介入處理

基本上會成爲霸凌事件，多半已經是孩子無法自行解決的了，此刻會建議直接請老師或校方介入處理。除了敘述事情外，也建議爸媽提出明確的訴求，例如請同學不要再用這樣子的語句開孩子的玩笑，或是停止在網路上的言論，甚至是身體上的傷害等等。

3. 父母的關心與陪伴

很多被霸凌的孩子會覺得「是不是自己不夠好」才會引來霸凌的行爲？這時候父母可以和孩子多聊聊，讓他們知道其實被霸凌並不是他的錯，而是基於霸凌者個人狀態不夠成熟而有這樣的行爲。

但孩子還是會進入班級，還是會面臨到霸凌者的存在，此時可以和孩子討論有什麼方法可以讓他比較有安全感？例如初期盡量在座位上避開某些同學，減少雙方互動的頻率。這樣做並不是因爲被霸凌的孩子有錯，所以選擇避開，而是在事件已經造成孩子很多壓力與痛苦時，先降低刺激的出現，也有助於孩子慢慢恢復平靜。

此外，也可以讓孩子知道如果將來有什麼樣的狀況，要在第一時間告訴爸媽或是學校的老師，或是若未來有類似的事件，該怎麼因應。孩子並不是孤立無援，而是擁有後盾的。當我們預先做好準備，狀況再度發生時就不會那麼的不知所措。

面對霸凌，沒有人是局外人

日本動畫電影《聲之形》闡述著帶頭霸凌聽障同學的將也，在一次動手拔掉同學西宮的助聽器，導致她雙耳流血的事件後成爲衆矢之的，反而讓自己成爲被霸凌者的故事。

在校園中卽便受霸凌的不是自己的孩子，他們多半也能說出一、兩件霸凌的行爲。

在我的學生時期，就曾目睹嚴重的霸凌行爲。當時的我爲被霸凌者感到忿恨不平，卻因爲沒有勇氣，並擔心會因爲自己的發聲招致霸凌而選擇沉默。每當想起那個被霸凌同學的眼神，聽聞他多年來深受那段回憶所苦，不敢再踏回母校一步，就讓我感嘆自己當年沒有任何行動。

所以霸凌事件對於當事人甚至是旁觀者都有深遠的影響，特別是在人格發展的青春期階段。如果孩子提及了相關狀況，請爸媽多花一份心力和孩子對話。「那是別人的事，你不要管就好啦！」當有這樣的情事在孩子身邊發生時，難保下一個受害者不會是自己的孩子。當老師和家長都能對這些事關注時，更能打造友善的校園讓孩子健康成長。

1 研究資料參考兒童福利聯盟二〇一九台灣家長對校園霸凌之認知與態度調查。

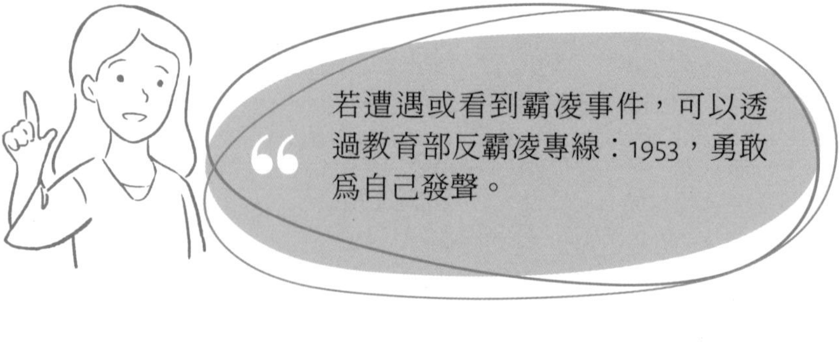
“若遭遇或看到霸凌事件，可以透過教育部反霸凌專線：1953，勇敢爲自己發聲。

給新進老師們的建議

當我們在掌管班級或課堂時，一定難免會聽到許多被包裝在「開玩笑」的攻擊，這些事久而久之就可能會成為霸凌。所以一旦發現這些情況就要及時處理。

像在課堂上，有些人只要一發言，旁邊的人就會跟著起鬨。可能嘲笑他的口頭禪，或者是模仿他的行為。我曾經在課堂結束後，私下找這些孩子來詢問：「你會不會對同學的行為感到不舒服呢？」有些粗線條的孩子會覺得無傷大雅，有些孩子則是覺得很討厭，只是不知道該如何處理。這時候就要讓起鬨的人知道，自己無心的言論，已經造成了別人的不舒服。

在我的觀察中，許多孩子在言語上的玩笑，並不見得是惡意的攻擊，特別是男同學，喜歡藉由互虧的方式來打鬧。但有時一來一往被戳到痛處，只好用更強力的方式反擊。或是為了要讓人覺得自己很幽默，所以建立在嘲笑別人上。

老師可以先私下約談同學，搞清楚他們到底是惡意的行為，還

是單純的頑皮。若是不小心的行為，就要提醒孩子學會尊重他人。我們無法要求每個同學都相親相愛，但在群體中，就算你不喜歡某些同學，也不能私下制裁。除了弱勢的孩子，也曾經碰過孩子因為太正直，時常舉發同學間的不法行為而遭到排擠。這樣的孩子恪守本分，卻因為維持原則而遭到同學的霸凌，也讓他感受到不小的打擊。

如果是蓄意的行為，可能就要請校方的專業介入。除了啟動校規的懲戒，也可以請輔導老師和霸凌者與被霸凌者進行談話。我們通常會優先處理被霸凌孩子身心的嚴重傷痛，然而霸凌者可能也有自身的心理問題。如果沒有加以處理，可能只是解決一時的霸凌事件，卻是治標不治本。爾後霸凌者可能會變本加厲，甚至恐嚇被霸凌的人不可伸張，造成問題的循環。

如果霸凌事件處理得宜，班級氣氛多半又能再回到以往的和樂。

2-4 當孩子戀愛時！爸媽該怎麼辦？

「爸爸！喜歡人是什麼樣的感覺呀？」小玲在飯桌上怯生生地問著。

「什麼？你有喜歡的人嗎？」爸爸皺著眉頭看著女兒。

「沒有啦！我只是問問而已。」

「那就好！妹妹你要知道，你現在就是念好書，做好學生的本分，什麼戀愛這些事都不要去想，等上了大學再說。」

「我知道啦！我只是問問而已！」

吃完飯走進房間，筱玲默默打開自己的IG，看著喜歡的學長的限時動態，本來想趁學長生日時告白，可是爸爸已經說得很清楚了，這個階段不適合交男朋友。到底「戀愛」這件事，該和誰討論呢？

「情竇初開」，指的就是初通情意的男女。談到「戀愛」這件事，已經不是青少年時期的專屬，很多孩子甚至在國小時就已經有所謂的「男女朋友」，再不然就是欣賞或心儀的對象。對於「戀愛」，孩子們的眼中充滿著好奇與期待。

爲了一個人魂牽夢縈，只想在下課的時候和他有短暫互動。在歷久不衰的青春校園劇中，無論戀愛成功與否，許多人心中都有著一段動人的「FIRST LOVE」，能夠喜歡上一個人，是美好的。然而一旦轉換身分變成了父母，在面對孩子有喜歡或欣賞的人時，不知道爸媽會有怎樣的反應呢？我們又該如何與孩子開啟話題呢？

爸媽能不帶評判地聆聽孩子的戀愛故事嗎？

很多孩子不想和父母或師長聊類似的話題，通常第一個念頭就覺得大人會站在反對的立場，甚至曉以大義，那我們自然也無從得知孩子內心眞正的感受了。當然，每個父母對孩子在「什麼情況或時間可以戀愛」都有自己的想法。但在這樣的原則之外，如果我們能夠站在和孩子相同的角度，聽聽他們的戀愛故事，不僅更有助於我們了解孩子，也會更清楚該如何引導他們。

首先，我們可以先釐清孩子和這個對象現在的關係。很多時候孩子會有心儀的人，但可能僅限於欣賞而已，畢竟暗戀不等於交往。

但如果雙方情投意合，眞的要步入「交往」的階段又該怎麼辦呢？很多爸媽想到這裡就開始緊張，特別是家有女孩的父母們。爲了孩子的身體安全感到焦慮，並進而大動作阻攔。那狀況眞的會如父母所想的嗎？心理學中著名的「羅密歐與茱麗葉效應」，就是因爲彼此父母的強力反對，反倒加深了雙方的堅定感，認爲自己非和對方在一起不可。

曾經聽過因爲雙方父母不同意彼此的戀情，兩個孩子相偕私奔，最後兩人在附近的公園被找到，但也

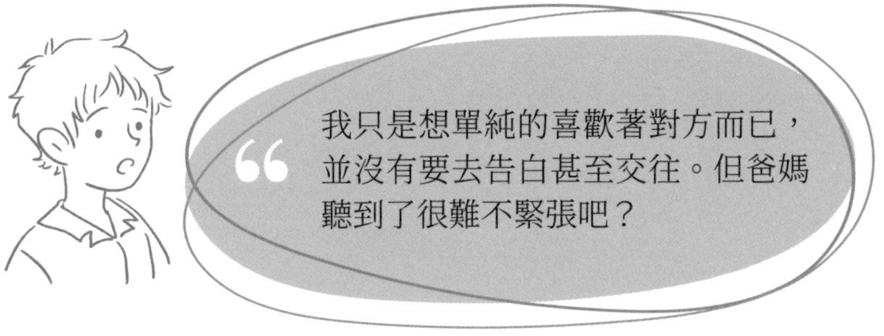
“我只是想單純的喜歡著對方而已，並沒有要去告白甚至交往。但爸媽聽到了很難不緊張吧？

已是三天後的事情，把父母嚇壞了。我還聽過爸媽發現女兒和自己不認可的對象交往，一氣之下把女兒的長髮剪掉，就是爲了要杜絕孩子戀愛的念頭。雖然最後父母成功達到目的，但破裂的親子關係也難以修復了。

其實和許多父母聊過後，都明白大家害怕孩子「談戀愛」的原因多半是擔心他們荒廢學業，甚至做出踰矩的行爲。在避免這兩件事的前提下，大部分父母還是肯定孩子有「愛」和「欣賞」人的能力的。

關於戀愛話題，爸媽可以這樣談

我們在與他人的互動中，慢慢認識自己的面貌，而身爲青少年的孩子更是如此。畢竟在人生中，如何處理親密關係以及自身的成長，都是非常重要的課題。

每個人面臨這些問題的時間點早晚不同，既然孩子在這個階段有了心儀的對象，父母可以怎麼陪伴並引導他們呢？提供一些經驗給爸媽們參考：

1. 分享自己的生命故事

即便在求學時代並沒有眞正交往的對象，當年的我們多半也會有心儀的人，或聽過身邊朋友的故事。當孩子與我們分享他的心事時，父母若能表現同理，甚至分享自己的經驗，會讓孩子覺得爸媽能夠理解自己喜歡對方的心情，也更願意在戀情發展的過程中對父母敞開心房。隨著時代的不同，有些爸媽不只樂見其成，甚至會比孩子更緊張，忍不住要將一身戀愛好功夫傳授給孩子呢！

2. 提醒孩子保護自己

「愛人」本就是一件美事，但許多青少年父母還是不免擔心萬一孩子們偷嘗禁果怎麼辦？爲了杜絕這些可能，就會採取較爲強力的措施，甚至將孩子轉學，也要想辦法拆散彼此。當然許多事會依不同情況而處置方式各異，沒有絕對的好壞。但若希望與孩子共同渡過這樣的事件，還是誠如上述所言，當他們願意和父母分享心事時，父母才有可能從中掌握到孩子的戀愛狀況，而「保護自己」的提醒才有可能被聽進去。

我們的目的是要讓孩子認知到父母對他們的擔心，來自於「萬一發生了什麼事，會有什麼樣的後果！」有時不小心與衝動，到頭來傷害的可能是自己所愛的人、彼此的身體，或是充滿選擇的人生。其實在我和學生相處的經驗中，大部分的孩子理智上都很清楚這一塊，但在情感的趨使下，確實會讓父母擔憂。

談到這點，我常會想起自己國中同學的故事。他們是國中時期的班對，當時的甜蜜羨煞不少同學。在專三的時候，女孩發現自己竟然懷孕了！感情和睦的他們早早就結婚生子，女孩也因爲照顧孩子，放棄了升學的機會，但進入大學之後的男生和家庭生活愈發格格不入。當所有人都在夜衝、夜唱、玩社團的時候，他卻要回家顧小孩，這點讓男孩感到愈來愈受拘束，就找了一些藉口，要打工、要上課等等，早出晚歸，留下自己的母親和太太在家照顧孩子。最終在男孩畢業前夕，兩人因爲世界差異越來越大，結束了這段婚姻。

雖然男方家裡願意承擔起撫養的責任，但女孩也捨不下十月懷胎的孩子，堅持爭取扶養權。然而自己只有五專學歷，在求職路上並不順利。只好利用白天的時間到便利商店打工，晚上照顧孩子。直到孩子上小學後，她才準備插大考試，希望至少能取得大學學歷，幫助自己有更好的職涯發展，也更有經濟能力養大孩子。

分享這一對小情侶的眞實故事並不是單純地告訴大家：太早的戀愛一定不好，而是想讓孩子知道我們的擔心其來有自。畢竟在青少年時期，除了學習如何對待關係外，另一個很重要的部分也是蓄積未來的能量。當你累積了更多自身的實力，將來的人生也能擁有更多的選擇機會。

3. 你想和戀愛的對象，一起創造什麼樣的未來？

然而所有青春的戀愛故事都是不好的結局嗎？當然不是。

曾經有一對小情侶，男生的成績很好，第一志願應該是囊中之物；但反觀女孩，成績就不似男孩那樣出色。剛開始時父母擔心他們的交往會影響雙方的學業，但男孩很認眞的和父母做出保證，如果父母願意給他信任與空間，他會想辦法維持好自己的成績，不讓父母擔心。不只如此，男孩甚至幫助女孩學習課業，因爲唯有達到這個目標，父母才會認同他們的交往。有了共同的理想，雙方在課業上不斷精進，最終兩人雙雙考上第一志願，父母也樂見他們的成長。

和一個人或事物建立深刻情感時，非常有可能激發自己的潛能，說不定也能鼓勵對方，讓彼此有更好的發展跟表現。所以遇到這類情況時，爸媽可以和孩子進行良善的溝通：

- 爸媽們的焦慮與擔憂是什麼？
- 讓孩子說說看，應該做到什麼樣的表現，能爲自己和對方帶來最大的幫助？
- 在這樣的前提下，爸媽會願意給予支持到什麼程度。
- 對於討論好的事約法三章，讓親子間建立一定的信任度。

有些爸媽可能會想：爲什麼要那麼麻煩，直接拒絕他們交往就好了啊！所以很多家長在聽到這些事情時（通常是接到老師的電話或是意外發現），多半是驚訝於孩子的隱瞞，忍不住立刻棒打鴛鴦，用嚴格的管束來阻止雙方的交往。但在教學現場的觀察，以現在通訊發達的情況，要完全斷絕雙方的聯絡其實不太可能。除非不讓孩子接觸任何網路訊息，甚至杜絕彼此可能往來的所有環境，不然多半是轉爲地下化，父母反而更難掌握到孩子眞正的狀況與想法了。

萬一孩子們喜歡的對象很不OK怎麼辦？

這可能也是很多父母們會有的困擾，心裡面不禁犯起嘀咕：孩子交往的對象，怎麼說也應該像爸爸一樣優秀，和媽媽一樣優雅，怎麼會跟這樣的人交往呢？

畢竟爸媽的人生伴侶都是百裡挑一。看過許多情侶和班對後，我發現孩子會喜歡上的人，可能是外表好看，講話幽默風趣，彼此有共同的話題，或者是對方很願意關心自己，能和他分享不爲人知的秘密。

我曾經碰過班上的女孩和一個在校外有幫派背景的男孩在一起，爸媽非常生氣，在多方阻止勸說下都沒有效果，最後爲了拆散兩人，只好幫孩子轉學到住宿學校。女孩和我說，爲什麼爸媽都不看看那個男孩單純的一面，對自己是如何的百般呵護。自己在念書壓力很大的狀況下，是男孩帶給了她很多的歡樂。

而身為大人的我們，常常只看到「愛情」的表象，卻不知道在這份「愛」的後面，其實是許多內在需求的滿足與欣賞。所以即便父母不認同，孩子還想和對方在一起，背後眞正的理由是什麼？能夠了解這點，才能進入孩子的內心，而不是流於行爲上的爭吵，最終讓孩子離自己愈來愈遠。

我們期待培養青少年的各種能力中，也包含待人接物。能否對人尊重、包容，甚至了解如何去「愛」一個人，其實都能在一定程度上滋長孩子的內心。

我們常會開玩笑說，爸媽在大學以前通常不希望

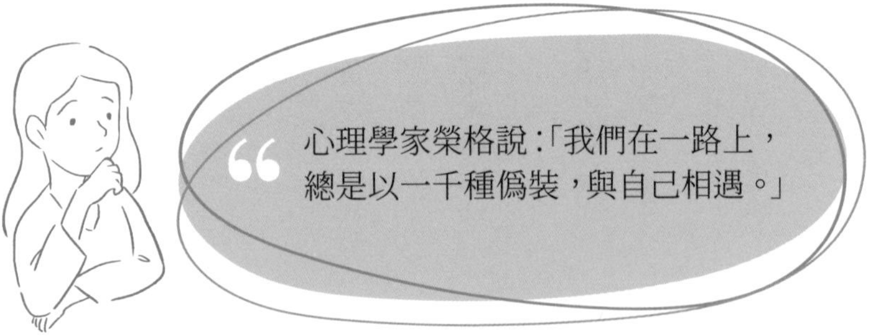
心理學家榮格說：「我們在一路上，
總是以一千種僞裝，與自己相遇。」

或不准孩子談戀愛；可是在大學以後，又會質疑孩子爲什麼還沒有交男女朋友？好像這件事是與生俱來，不需要學習或練習就會的能力。

當然，我們沒有特別鼓勵孩子在青少年時期就踏入戀愛關係，但如果他們正好在這個時間點遇到了喜歡的人，我們何不利用這個機會，好好的跟他們談論「戀愛」這件事呢？

如果老師遇到學生談戀愛怎麼辦？

每個老師在遇到學生談戀愛，各有不同的處理方式。就我而言，在發現學生有戀愛狀況時，通常會私下單獨找學生聊聊，看看雙方對交往這件事的觀點為何？

一般而言，女孩對「交往」一事通常有比較多的想法與考量，也會在意未來兩人能否一起前進或變好；而男孩就比較單純，多半就是基於喜歡女生，所以會想要在一起。

當我理解雙方想法後，也不會妄下評斷，而是讓學生們知道老師能夠同理你們，也願意與你們溝通。但這件事情我必須通知你們的父母，出發點並不是為了要告狀，而是父母應該知悉這件事。

通常在我和父母溝通的過程中，女孩們的父母多半較為擔心。除了分享我的想法，適時減輕父母的焦慮，也會提醒爸媽和孩子談談，看如何達到學業、生活與愛情三者兼顧的狀態。而雙方父母若不排斥的狀況下，也建議彼此可以取得聯繫。一方面是日後便於掌握孩子們的行蹤，二方面是當雙方父母對彼此有一定程度的認識時，也較清楚自己孩子交往對象的背景為何。

我通常不會對學生交往做出太多的干涉，而是站在觀察者的角度，甚至於和他們談論戀愛議題時，也是把他們當作大人看待。因為很多孩子最不喜歡的，就是大人都是用自己的角度看待他們的感情，甚至很多父母會說反正國、高中時期的戀愛也很難真的步入婚姻，那為何要現在談戀愛呢？

一旦讓孩子有這樣的感覺，他們就不會再和你聊真正的想法。若能尊重他們的心情，反而能多了交心的機會。

我們並不知道孩子未來的發展會是如何，但我們可以陪他們一起度過青春萌芽的情感，感受初戀的美好及那份刻骨銘心，是人生多麼難得的回憶。

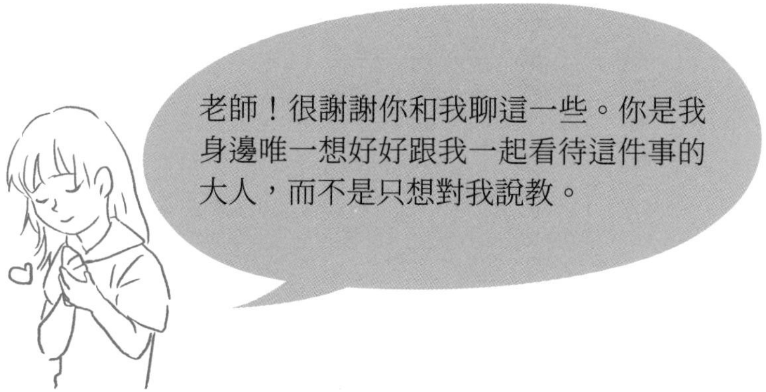
老師！很謝謝你和我聊這一些。你是我身邊唯一想好好跟我一起看待這件事的大人，而不是只想對我說教。

2-5 孩子憂鬱自傷，讓輔導的力量拉他一把

安安的媽媽發現最近孩子有些狀況。感覺食欲不振之外，對什麼事看起來都提不起勁，以往喜歡打球的他也開始不想出門，看起來精神狀況很差，也常常會說自己身體不舒服不想去上學。即便媽媽鼓勵孩子，孩子只會說覺得自己沒有什麼價值，讓媽媽很苦惱該怎麼處理孩子的問題？

韓國小學校長李柳南在《媽媽的悔過書》中提到，自己成績優異的兒子在高三開始拒學，高二的女兒在房間裡企圖自殘，對於一直自豪於教育方式的媽媽是何等沉重的打擊。

根據台灣憂鬱症防治協會統計，台灣十五至二十四歲自殺人數，從二〇一八年的一百九十三人，成長到二〇二〇年的兩百五十七人，增幅三十三・二%。自殺通報人數也從二〇一八年四千九百零五人上升到七千九百九十一人，增幅六十二・九%。不僅如此，近年來的憂鬱症患者也出現年輕化、自殺傾向更高的問題。如何能夠讓孩子在症狀的初期就得到幫助，不致急遽惡化，亦有賴父母的觀察和注意。可以和孩子一同使用董氏基金會所製作的「青少年憂鬱情緒自我檢視表」（見144頁）來初步評估孩子的狀況。

評估孩子的憂鬱情緒

一般而言，憂鬱的孩子可能會有下列狀況：

- **情緒低落：**孩子可能會經常感到悲傷、孤單、無助和絕望。
- **缺乏動力：**對於平常的愛好或一般活動感到無趣，對什麼事情都提不起勁。

- **失眠或嗜睡**：可能會有失眠，或是怎麼睡都睡不飽的狀況。睡眠品質不好，多夢或是經常在半夜醒來。
- **食欲改變**：發現孩子即便對於自己喜愛的食物依然失去胃口，或是忽然暴食，導致體重急遽變化。
- **自我價值感下降**：對自己產生否定和負面的想法，自我評價過低。
- **難以集中注意力**：對於課業或是學習都難以集中注意力，或是記憶力衰退。
- **有自我傷害或自殺的意圖**：通常孩子自傷都會從手腕開始，也要注意他們是否有透露出企圖自殺的警訊。

在教學的現場，我也常看到孩子們爲情緒受苦。因爲他們正處於「認識自己」的階段，對於生活中的挫折與不安，常常不知如何排解。有些人碰到的是家庭狀況：父母離異，或家人總是吵架、親子關係不佳；有些是人際關係，覺得自己沒有好友可以傾訴心聲，或者是遭到同學的霸凌；有些則是因爲課業壓力，覺得自己已經很努力了，可是學業怎麼沒有起色，或者是習得無助感，乾脆直接放棄學業。

除此之外，其實還有一部分的孩子是屬於注意力缺陷、過動、自閉症或其他情緒障礙等問題。卽便近年的特殊教育發達，但還是有少數孩子沒有在國小階段被鑑定出來。他們往往被視爲太過調皮，不受控制等等，在常規上因爲無法符合班級的規範，時常被處罰、糾正，進而影響到他們的學習表現。若在學校一直無法獲得成就感，有些孩子的自我價值感會趨於低落，也可能引來同學的訕笑，久而久之，便開始有許多反抗或與家長對立的行爲，甚至可能拒絕上學。

孩子好憂鬱，爸媽怎麼辦？

通常孩子的憂鬱狀況到了一個程度，就會開始影響他們的正常生活，像是睡不好、吃不好，精神狀況不佳等。若是與孩子聊聊後情況仍無法改善，這時候可以給父母幾個小建議，幫助大家快速協助孩子的狀況：

1. 尋求專業資源

大部分的父母都沒有輔導或醫療背景，所以面對這種狀況，就建議立即尋求專業協助，父母也可以從一個點來區分該尋求何方協助：

✅ **孩子已無法正常生活、甚至有危害自己與他人生命安全的狀況**：可能需立即尋求醫療資源的介入。像是直接就診身心科，由醫生直接評估，或給予藥物治療。

✅ **孩子有憂鬱的狀況，但沒有那麼嚴重的急迫性**：可以尋求學校輔導室或是諮商的介入。

2. 給予支持理解

其實就跟身體一樣，我們都有可能會生病，憂鬱症也是一種生病的狀況，父母可以給予孩子支持和理解，讓他們知道自己並不孤單，也鼓勵他們談論自己的感受。

碰到憂鬱的孩子，很多爸媽會急著想要做很多事鼓勵他們，不斷地說：「加油！你一定很快就會好起來的！」爸媽的擔憂自然可以理解，但一味信心喊話，反而會讓孩子更沮喪，覺得自己怎麼一直這麼低落。其實面對憂鬱症的孩子，最好的方式就是陪伴。允許他們在憂鬱的狀況中停泊，給予他們復原的時間與空間。

通常和家人關係不錯的孩子，一般而言比較不會演變成嚴重的情緒困擾。所以碰到這些狀況時，可能是彼此的溝通出現問題，或孩子的情緒無法宣洩。特別像父母習慣用「教導」或「訓導」的方式面對孩子的情緒，久而久之可能就會出現更大的問題。所以父母可能也要回過頭來，思考一下和孩子的相處能否有更適當的方式。

3. 協助孩子建立正確的生活方式

在陪伴孩子的過程中，也可以幫助他們建立正確的生活方式，例如規律的日常活動。像上述所提到憂鬱拒學的孩子就非常喜歡打籃球，所以家人就特別安排一同打球的時光，增加孩子的愉悅感。

也可以試著和孩子一起學習放鬆技巧。因爲很多人的憂鬱狀況，正是因爲不知道如何面對己身的挫折感，會慣性鑽牛角尖或是逃避。所以協助孩子辨別自己的狀態和情緒，不僅有助於他們的發展，對爸媽而言同時是一種學習。除了繼續接受輔導或諮商外，協助孩子如何排解自己的煩悶，並且學習不同的處事思維。

善用輔導室諮詢，父母毋須單打獨鬥

孩子有狀況時，一般父母的直覺都是去看身心科，但其實校園中還有一個很重要卻時常被忽略的資源，就是學校的「輔導室」。

校園輔導機制中，除了一般孩子們會接觸到的任課老師與導師外，輔導老師更能給予直接的幫助。所以當孩子有較爲嚴重的身心狀況時，爸媽不妨向輔導室尋求「諮詢」，讓輔導老師可以釐清孩子的狀況。

像我曾有個因爲憂鬱症而拒學的學生，爲了改善孩子的狀況，爸媽共同來到輔導室諮詢，希望能夠從學校和家庭兩個層面來協助孩子。因爲孩子的狀況，包含了個人、家庭、學校，乃至社會，都需要親師雙方的合作。

在這樣的過程中，其實我們也處理了家長的議題。當父母看到孩子變成這樣時，其實整個家庭的氛圍乃至爸媽的伴侶關係都會變得緊張。所以當擁有這樣的合作關係後，才能夠針對孩子的狀況給予全面的策略和建議。

也有很多家長會選擇帶孩子去看身心科，但包含諮商的部分，都需要額外的時間與費用支出，這也是家長們需要衡量的一點。

輔導的魔力必須仰賴孩子自身的覺醒

羅伯·狄保德的暢銷心理書籍《蛤蟆先生去看心理師》中，蛤蟆先生在朋友的建議下來到諮商室。

他原本以為自己坐進諮商室，讓心理師告訴他該做什麼就好。但沒想到蒼鷺先生竟然告訴他：「心理諮商向來是個自發的過程，只有你是為了自己，而不是為了取悅朋友們才想諮商的時候，我們才能眞正合作。」

當孩子出現心理狀況時，父母與老師可以從旁協助或是幫他們尋找不同的心理資源，但孩子本身必須有解決問題的動力並願意改善，才有可能更見成效。

心理有問題的人才會去輔導室？

很多孩子都有著這樣的想法，認爲會去輔導室的人就是「有狀況」，也在無形之中替被輔導的孩子貼上了標籤。我在和輔導科同事聊天的過程中得知，其實會主動運用輔導室資源的孩子還是少數，多半是被老師們轉介過來的學生。一部分可能怕被同學視爲「有問題」，另一方面也會擔心自己說的內容無法保密，或是下意識覺得就是換個老師要指責他的行爲，所以有所抗拒，這些都會讓輔導老師難以施力。

其實在國外對於「心理輔導」或「諮商」能夠接受的程度比較高，我們也不乏看到很多歐美電影中主角接受諮商輔導的情節。所以必須要先對輔導有這樣的觀念，才能夠讓孩子相信輔導能夠爲他們帶來改善。

一般而言在輔導倫理中，彼此的談話，都是必須保密的，只有當事人可能有自傷或是傷人念頭時，才必須通報。畢竟輔導老師的存在，就是爲了協助孩子成長期的心理健康，也幫助他們更能夠適應團體生活。

在青少年的情緒風暴中，憂鬱、自傷已是非常嚴重的一塊。除了上述所言的方式外，其實最重要的還是父母的支持與陪伴。善用校園的輔導資源，建立對輔導機制的正確認知與觀念，讓資源眞的能夠協助孩子面對自己情緒上的困難點，逐漸走出陰暗。

青少年憂鬱情緒自我檢視表

透視你的情緒，很高興你打開了這份量表，表示你已 Open your mind，開始和情緒做 Friend，請按照你最近兩週的想法與感覺點選【是】或【否】，若該句子符合你最近兩週的狀況，請勾選【是】，若不符合點選【否】。

		是 (1分)	否 (0分)
1.	我覺得現在比以前容易失去耐心	□	□
2.	我比平常更容易煩躁	□	□
3.	我想離開目前的生活環境	□	□
4.	我變得比以前容易生氣	□	□
5.	我心情變得很不好	□	□
6.	我變得整天懶洋洋、無精打采	□	□
7.	我覺得身體不舒服	□	□
8.	我常覺得胸悶	□	□
9.	最近大多數時候我覺得全身無力	□	□
10.	我變得睡眠不安寧，很容易失眠或驚醒	□	□
11.	我變得很不想上學	□	□
12.	我變得對許多事都失去興趣	□	□
13.	我變得坐立不安，靜不下來	□	□
14.	我變得只想一個人獨處	□	□
15.	我變得什麼事都不想做	□	□
16.	無論我做什麼都不會讓我變得更好	□	□
17.	我覺得自己很差	□	□
18.	我變得沒有辦法集中注意力	□	□
19.	我對自己很失望	□	□
20.	我想要消失不見	□	□

將勾選「是」的分數加總，對照下列表格，即可知測量結果。

0-5 分

你真的不錯喔！

憂鬱程度滿低的，平時就知道要如何調整情緒及紓解壓力吧。繼續保持下去，別讓憂鬱情緒發酵！

6-12 分

最近的心情是不是起起伏伏，有些令人煩惱的事？要不要試著把問題及感受向自己信任的人(例如朋友、父母或師長)說出來，一起討論解決的方法。他們的經驗會帶給你不同的想法！你也可以做些愉快的事，多做腹式深呼吸，每天運動，保持活動的習慣，讓自己有活力！或是和朋友一起做些愉快放鬆的事，轉移注意力，冷靜一下重新出發，憂鬱情緒不再有。

12-20 分

是不是已持續一陣子都悶悶的？覺得步伐、肩膀很沉重，或是常常擔心很多事，很焦慮？你的憂鬱程度已經頗高了，需要好好注意了。趕快把自己的情況告訴學校的輔導老師或專業機構，請他們給予協助，求助不代表你不行，反而表示你聰明得善用資源呢！

（資料來源：董氏基金會 https://www.jtf.org.tw/overblue/young/）

2-6

親子間互動卡關，如何重啟對話？

「我們家女兒不知道怎麼了，上了國中整個態度變得好差，我只是叮嚀她兩句，她就回：『好啦！好啦！聽到了。』我有時候火氣一上來，兩個人就吵起來了。」碰到鄰居，媽媽忍不住吐吐苦水。

「至少你們還吵得起來，我跟我兒子吵到後來根本是相敬如『冰』，問他什麼事只會回『嗯！』吃完飯就回房間了，我都不知道他在學校過得怎麼樣。」媽媽嘆了口氣。難道和青少年相處，真的這麼困難嗎？

親子溝通，大概是僅次於課業問題最讓青春期父母頭痛的事。以往孩子還小時，和他們說什麼好像都不會有那麼多的意見，但現在，孩子慢慢長出自我意識，轉變成有想法的小大人了，有時對爸媽說話的態度也沒有以前好。看到別的父母和孩子相處得還不錯，灰心的父母就很想知道家庭互動中出了什麼問題呢？

從孩子的反饋中，我發現他們一般與父母的互動出現問題，多半是後面這些狀況。

孩子覺得父母很煩

請爸媽仔細想想，你最近和孩子聊天的開場白都是什麼呢？有沒有以下這些句子：

「你功課寫完了嗎？」

「什麼時候要段考？這次要考什麼？」

「不要再滑手機！你不會拿時間去看書嗎？」

「你可以積極一點嗎?連起床上學都要我叫半天。」

「你最近考得怎麼樣?爲什麼都沒有看到你拿成績單回來?」

這些日常的句子是否也出現在你們的家中?在這些對話中,往往都是孩子們的「責任」,卻沒有關注孩子的「狀況」。「他們都只關心我考試成績好不好,在學校有沒有表現優良,好像我做到這些事就夠了。對於我喜歡的事,他們都不了解。」孩子的語氣裡透露出失望。

他們也會抱怨爸媽每次都說:「就跟你說過了,你怎麼就是講不聽呢?」「我在你以前這個時候有多認眞念書啊!才沒有像你們一樣這麼好過。」

其實爸媽的反覆叮嚀,都是表達對孩子的關心,但我們不難發現,上述的句子幾乎都帶有批評與質疑的語氣,所以這樣的對話,也特別會讓孩子引發情緒,態度不好的情況下,親子間就很難順暢地對話。

雙方一講話就吵架

一旦溝通出現阻塞，慢慢會發現彼此容易一見面就吵架。許多人在青少年時期和父母相處得並不融洽，一旦上了大學離家後，親子間的距離就更是漸行漸遠了。

除了前述的累積，還有很大的成分是彼此看待事情的觀點和角度不同。畢竟身爲成人的我們，有著自己立身處事所架構的世界觀，但身爲網路原住民的孩子，對資訊的接收速度與廣度，都比我們來得快速，觀點自然會有差異。

一般而言，最大的歧異點不外乎是課業與交友。爸媽希望孩子補習，孩子不願意；爸媽希望孩子念高中，但孩子卻擺明自己對讀書沒有興趣；爸媽對孩子的常規有意見，但孩子卻遲遲未見改進；爸媽希望孩子不要跟某些同學來往或是交往，但孩子就是不聽。

「我昨天又跟我爸大吵一架，他每次都不聽我說的，只想要我照著他的意思做。」孩子也開始用更大的聲音和力氣來表達自己的意見。有些父母用強硬換來孩子的妥協；有些父母則是覺得疲累，逐漸放棄管束孩子，但這兩種情況都容易讓親子間的連結產生斷裂。

拒絕與父母對話

而斷裂的極致，就是彼此拒絕對話。孩子開始對父母的問候草草回答。「好啦！」「知道了啦！」「沒事啦！」「隨便啦！」孩子和父母好像沒有什麼話講，卻和自己的朋友有說有笑。

或即便雙方的關係尚可，但父母常常難以跟上孩子的流行趨勢，可能我們還在了解上一件事，下一個流行已經來到。找不到切入點的情況下，爸媽可能又會回到一開始提到的對話，詢問孩子每天有沒有把該做的事情完成，包含課業。

雖然爸媽只是想展現關切，但除非是成績真的很好的孩子，不然一般被爸媽這樣詢問，就像是老闆來關注自己的業績一樣，難免都會產生壓力。很多父母叮囑的事，孩子都一清二楚，但他們往往缺乏實踐的具體方法和行動，所以只想趕快結束話題，也就越來越不想和父母對話了。

重啟對話，需要父母的換位和智慧

大人酷愛數字。你要是跟他談起一個朋友，他們從不會問最重要的事。他們絕不會問：「他的聲音是怎麼樣的？他喜歡玩什麼遊戲？他蒐集蝴蝶標本嗎？」他們總是問：「他幾歲？有幾個兄弟？體重多少？他爸爸能掙多少錢？」知道了這些答案，他才認為他認識了這個朋友。

你要是對大人說：「我看到一棟很漂亮的紅磚房子，窗前開滿天竺葵，屋頂上有白鴿子……」他們完全無法想像。你一定要說：「我看到一棟價值十萬法郎的房子。」這下他們就會大叫：「好美啊！」

大人就是這個樣子的。不必跟他們計較，小孩子對大人一定要多多包容。

——安東尼．聖修伯里，《小王子》

故事中，把孩子和大人的差距顯露無遺。經過社會磨礪後的洗鍊，讓我們和孩子關注的面向大不相同。除了不忘初心，我們該如何弭平其中的差距，讓親子間的對話能更加通暢呢？

1. 給予孩子生活的空間與時間

愈急於想要改善關係，就容易用力過猛，可以試著讓親子間保留一些彈性時間。從旁觀察他們的喜好，這時候就是父母很好切入的點。

有些孩子平常雖然話不多，但碰到喜歡的事物，就會如數家珍地向你介紹。無論是動漫人物或是偶像明星，這時候可以把他們當成介紹喜好的 YouTuber 一樣，讓他們感受粉絲爸媽也是想了解他們的。

2. 用「學到的新事物」做為話題開端

有個孩子會跟我分享他與爸媽間的對話就是以「今天學到的新事物」爲主軸，即便他已經升上大學了，親子間還是很習慣分享所學，讓彼此的生活產生共鳴。

當雙方把焦點放在「成長」，並用「加法」的概念看待孩子，不管是討論學校的生活或是學習困難點時，他都能感受到爸媽的目的是爲了融入他的生活，而不是要考核他的種種行爲，也更能卸下心防好好對話。

3. 著重互動時刻的交流

已經把人際重心轉向同儕的青少年，還會想和爸媽一起活動嗎？有時家長會和我抱怨精心安排週末出遊，結果孩子卻說只想待在家看書，弄得全家都不太愉快。

對孩子而言，可能有更想完成的事，那該如何達到平衡呢？這時不妨讓他們也加入「互動時刻」的規畫，列出自己想去的地方或是旅行的形式，加入更多的參與感，而不只是爸媽單方面地經營。就算是平日的生活，也能有簡單的互動。吃完飯和孩子一起散步，買個甜點，在輕鬆的時刻聊天，讓雙方的交流是舒服的。

我曾碰過一個改善關係的案例。父母和孩子在長期對峙下，關係愈發僵化，兒子幾乎完全不和家人說話。後來爸爸發現兒子非常愛打手遊，爲了加入他的世界，爸爸也投入了遊戲，甚至打得比兒子還要好，雙方也增加了很多話題。**當然爸媽不一定要為了孩子去投入他們的興趣，但提升相處時的品質，遠比時間的長短來得重要。**

4. 了解孩子的想法後，再給予建議

有個故事是這樣的，孩子在出門前被媽媽叫住。

「來！把這件發熱衣穿上再去，天氣變冷了。」

「我不覺得冷啊！」

「你不知道自己會冷，快穿上！」

即便成爲了青少年，爸媽還是放心不下孩子，習慣不斷在一旁耳提面命。「就跟你說要這樣做吧！你就不聽。」

但對於孩子來說，如果不是眞心感到困擾的事，就不是自己的需求，即便爸媽說破嘴，他們可能也是無動於衷。

一旦事情不如意時，他們一方面會感到自己的不足，另一方面還要受到爸媽的責難。當彼此的互動盡是這樣的循環時，即便父母眞的有很好的

建議，也會被孩子下意識地拒於門外了。

所以想要給孩子建議時，可以試著進行對話，了解一下他們的看法，是否還需要父母給予更多建議，否則就只是我們一廂情願的碎念了。

5. 陳述客觀事實，加上具體期待

很多時候，即使想心平氣和地與孩子說話，可是講沒兩句可能又吵了起來。例如孩子晚回家，媽媽可能忍不住問他：

「你怎麼這麼晚回來，是下課去打球了嗎？」

「不過就是打一下球而已呀，又沒有很久，幹嘛一直念！」

這個時候雙方已點燃怒火，爸媽可能覺得兒子的態度怎麼這麼差，自己不過是在表達關心而已，但孩子接收到的則是爸媽在指責他怎麼那麼晚回家。

重啟對話的第一步，除了讓彼此的情緒冷靜外，也需要注意在言詞中盡量陳訴客觀的事實，並且加上具體的行為期待，所以語句可以調整成：

「你今天去打球了嗎？因爲現在時間有點晚了，一直沒有接到你的訊息，我們不知道你的行蹤會有點擔心，下次如果去打球晚回家，可以先跟媽媽說嗎？」

在這樣的對話中，除了明確表達媽媽對於孩子晚歸這件事並不是出於責備，而是有自己擔心之處。更重要的是有一個具體的行爲，讓孩子知道該如何改進，雙方也不會流於口舌之爭。

6. 多用正面語言引導

「我不覺得我爸媽認爲我是好的，因爲他們總是在說我哪裡沒有做好。」很多孩子和我分享家中互動語言時，都會這麼說到。

「做對應該，做錯不該」，我們多半以「滿分」作爲優秀的基準，所以失分時，就是不該，我們也會忍不住指正孩子。追求卓越自然是好事，但「扣分」的模式，讓人放大了不足的部分，對於已經做到的地方，習慣視而不見。

當彼此的互動盡是負面語詞或是不斷要求改進時，會讓孩子感覺自己什麼事都做不好，是差勁的。因爲他們處於「認識自己」的階段，父母正是孩子的「重要他人」。如果能給予他們支持與關懷，孩子們的自信心和安全感也能隨之提升。

7. 意見不合，用傾聽和引導帶領孩子

基本上會「吵架」，就是源於雙方的想法跟觀點不同。很多時候父母會有先入爲主的觀念，認爲「你還小，我是爲了你好」，但對孩子來說，也失去了自己做判斷與負擔責任的機會。

有孩子和我分享他和家人大吵一架的事，起源於他想要走演藝之路，但爸媽並不認同，希望他能夠去念商科，習得一技之長。孩子對父母不給他任何嘗試的機會感到忿忿不平，雙方在這個點上沒有共識，當然會不斷爭執。

孩子有天馬行空的想法是很正常的，畢竟他們還涉世未深。也許孩子眞的能在自己有興趣的領域闖出一片天，但必須要有明確的行動與毅力。

協助孩子一步步釐清想法，「以終爲始」讓他們看到差距的所在，自己又願意付出多少努力前進？透過傾聽，讓彼此能試著「異中求同」，找

到雙方都能接受的方式，讓關係更能進一步拓展。

用「加分」的角度表達鼓勵

如果和孩子開始出現溝通問題，不妨試試看用「加分」的眼光看待孩子。其實剖析親子間的對話，多半都深藏著「太愛」、「太在乎」的情感，只要稍加調整，孩子就能感受到父母話語中眞正的關懷與溫暖。

良好的親子關係，是建立在同理和互信之上，而真正的尊重是能關注對方此時此刻的狀態，並且向對方坦承自己的情緒和需求如何，才能讓彼此的心更為貼近。

“和孩子意見不同時，試試看這幾個問句：

- 你想要達成的目標是什麼？
- 目前的現況如何？
- 為了實現這一切，你有什麼樣的行動？
- 這件事有沒有替代方案？你何時打算開始行動？你還需要哪些資源？

2-7

上了國中，不同於小學的親師溝通模式

正和同事談完話的媽媽回到辦公桌前，看著手機的未接來電，是學校的號碼！腦中閃過數個小劇場：今天是什麼日子？段考還是模考嗎？孩子怎麼了嗎？沒帶東西嗎？生病了？還是闖禍了？帶著些許的忐忑，趕緊回撥電話給老師，輕聲地問道：「老師您好！請問有什麼事情嗎？」

這樣的劇情，相信爸媽一定不太陌生。看到學校的未接來電，心裡都會有點緊張：「是不是我們家孩子在學校出了什麼狀況？」而中學生和小學生不同的點在於父母能介入的活動愈來愈少。小學的時候還能擔任志工媽媽陪孩子去校外教學，或是和其他媽媽一起交換情報。有些小學老師有建立 line 群組，偶爾會分享一些孩子的照片，但一上了國中，似乎全都沒有了。不僅很難認識其他家長，也不太清楚孩子在學校的表現如何，但又不知道該如何跟老師互動？擔心聯絡得太頻繁，老師會困擾；聯絡得太少，又錯失了孩子的重要訊息。

特別進入了青春期，孩子多半不希望父母和老師聯絡得太密切，想保有自己校園生活的隱私。我很常碰到家長和我通話時特別提醒：「我沒有讓孩子知道我私下和老師有聯絡，不然孩子可能會抗議。」由此可見，現在的父母在關心孩子之餘，也很注重他們的觀感，也難爲了用心的爸媽們！

親師間最常聯絡的事

上了中學，孩子們需要爸媽和老師溝通的生活瑣事已經不像小學那麼多，不同於小學的包班制度，老師們對於孩子的表現通常也會重點式表述，而「特別」容易引起老師注意的事，多半是下面幾項：

孩子的違規狀況

最常見的就是上學遲到。如果是由爸媽送來學校的孩子可能比較沒有這樣的問題，但很多人是走路或坐車到校，難免會出現塞車或買早餐延誤的狀況。偶一爲之還好，若是太常出現這樣的狀況，就必須聯絡家長了。

或者是孩子的各項表現：如沒有繳交任課老師的作業，即將被校規處置，希望爸媽叮嚀孩子完成；或是孩子在課堂上吵鬧、長期打瞌睡、對待老師態度不佳，或是違規使用手機等等，一方面爲了嚇阻孩子，二方面也希望家長能夠個別提醒孩子，才會致電給爸媽。

孩子的交友狀況

孩子在學校可能和同學有一些糾紛，也許是個性比較內向，不擅長交友；或是發生口角、肢體衝突，成爲各種霸凌或被霸凌者，抑或有交往的男女朋友了，這些都必須讓爸媽了解情況。

孩子的情緒狀況

有些孩子對自我要求比較高，若碰到家庭失和或自身挫折時，心思細密的孩子無處發洩，久而久之就會因爲壓抑情緒，引發出一些心理問題。或是有些孩子患有自律神經失調，都會請家長帶孩子尋求醫療或諮商輔助的幫助。

孩子的生活狀況

舉凡孩子生病了、衣服弄髒，或是其他的生活問題，比較屬於單一事件。

從上述的狀況中不難發現，一般會讓老師特別通知爸媽的，都是讓人困擾的事，所以自然就會有種「沒消息就是好消息」的狀況。因爲孩子的好表現，通常會得到老師直接的讚美與嘉獎，這些內容很少會鉅細靡遺地告知爸媽，反而聯絡時都是「告狀」類的通知，孩子自然不希望老師和爸媽聯絡，省得回家後再被「洗臉」一次，也讓爸媽們對於接老師的電話感到有些壓力。但若不在事件尚小時透過親師攜手協助孩子，爾後可能會有更大的問題。

倘若父母想主動了解孩子在學校的表現，該如何建立與老師的溝通管道呢？

想和老師聯絡，可以透過什麼方式

由於每個老師的喜好各有不同，建議家長們在一開學時可以觀察一下導師比較熱衷於哪種方式？有給予家長電話或 Line 嗎？是否有建立班級群組？還是希望主要用聯絡本溝通呢？了解導師的風格後，用這樣的方式先和老師建立連結，讓老師清楚爸媽希望注意什麼地方，老師也比較好從中掌握孩子的面向。

每天的聯絡簿其實非常好用

國中小特別的地方，就是還有聯絡簿。很多家長每天只有簽名，不太在意聯絡簿上的內容。雖然許多項目只是作業及瑣事，但聯絡簿上會有很多的線索，像是老師給孩子的回饋，就可以大致了解老師的帶班風格，還有孩子的小日記，都可以看出班上的風氣以及互動狀況。

和老師約好時間電話溝通

「老師，我想和您聊聊孩子最近念書的狀況，什麼時候方便打個電話給您呢？」舉凡課業學習、人際關係、或是有特定具體事件想和老師聊聊，建議可以先在聯絡簿或訊息上通知老師。因爲單純用聯絡本的文字敘述，有時很難確切表達意思與內容。面對家長的詢問，我也會先收集資料，了解一下孩子各方面的狀況和想法，才能夠給予家長更完整的回覆。所以先告知老師想直接用電話溝通，相信大部分的老師都樂意在有空的時間回覆。在以往的經驗看來，有時候很多誤會，一通電話就能迎刃而解。

參與校園活動見面三分情

「老師，我是小倫的媽媽。請問小倫平常在學校都還好嗎？」

「媽媽您好！小倫平常都滿乖的啊！」聽完，媽媽放下心裡的一顆大石。但轉頭想想，孩子最近功課沒有那麼好，上課狀況不知道如何？

「謝謝老師啊！我想說他上課的時候，不知道會不會不太專心。」

「上課啊！」老師開始沉思，認真地搜尋腦袋中和小倫有關的事件

「這樣啊！有次上課時他在畫課本，有點不專心啦！」老師對終於想出小倫的表現感到鬆一口氣，不然小倫好像也沒有什麼太大的事情可以和媽媽說。

「了解啊！那我回去會再跟他說。」媽媽心想，老師剛剛果然是客套話，這個小子果然被我問到上課不專心了吧！回去再好好修理他。

每次家長會這樣的對話都會上演，爸媽通常會緊張於老師的回答，覺得老師一定是客氣不好意思說。一般而言，如果很少接到老師額外的「通知」，基本上孩子的表現多半是還不錯的。

而透過班級活動和老師接觸是最自然的方式，特別是班親會或是校慶活動，親師能夠順理成章地見面。正所謂「見面三分情」，若爸媽和老師有所互動，一旦需要聯絡也較不陌生。

若是比較積極的家長，可以視老師的需求和自己的能力許可下，對班級提供某些協助。像我任教的學校每年都會舉辦運動會嘉年華進場，某年家長就提供了許多紙箱做爲素材，讓我們能扮成小小外送員，配合著孩子的巧思，一舉獲得該年級冠軍。當然這並非絕對，而是在這樣的過程，一方面讓孩子感受到爸媽對班級事務的參與度，二方面也不失爲一種建立與老師互動的管道。

加入Line群組，有利也有弊

關於是否加入 Line 群組，就端看各個老師的喜好。在我自己的經驗中，以往透過聯絡本、電話或面談就能經營好親師溝通，但在新冠疫情爆發後的線上教學時刻，我深切地感受到家長群組其實十分好用。很多事情平日能當面提醒孩子，但在線上課程中，孩子們的作業繳交度就比實體低落許多，此時擁有家長群組，請家長一同協助，很多事就迎刃而解。我也認知道可惜沒早點成立群組，省去了很多溝通協調上的不便。

然而有些老師不太願意成立群組，或是用 Line@ 的方式替代，自然就是擔心某些問題。一來是 Line 的聯絡較為方便，所以家長們可能想到什麼事，就會忍不住傳訊詢問孩子的狀況，老師看到也不好太慢回覆，一來一往難免會影響生活作息。像我自己初任教時，也有和家長談論孩子學習狀況講電話到深夜的經驗。當然老師們都可以理解爸媽們的焦慮與擔心，但通訊軟體可能更助長這樣的問題。二來某些家長如果在群組中對班級事務有較多的主導性時，可能會私下批評老師的帶班或教學，都會產生一場不小的班級風暴。

進入國中，親師溝通的模式大不相同，但隨著孩子的獨立性漸強，從緊密的方式也轉化爲「互信互惠」。身爲孩子身邊的重要照顧者，家長和老師從不同角度的深入觀察，能幫助他們擁有更好的成長。

2-8

掌握溝通技巧與原則，親師對話沒煩惱

收到老師的通知，小倫媽媽感到有點頭痛。上面寫著孩子遲遲未交綜合課作品，即將被老師記警告。偏偏他就是個粗線條，什麼事情都很容易忘記的人。小倫也答應媽媽以後會記得，不知道這次還有沒有轉圜的餘地。媽媽找出學校的電話，但這件事應該要聯絡誰？是綜合老師？還是導師呢？「既然是貼在聯絡本上，先找導師詢問看看好了。」媽媽按下了導師的分機，腦中也思考著該如何跟老師談論這件事。

像上述故事的狀況時，通常會建議先諮詢導師。一方面了解任課老師的行事風格，再者也可以聽聽導師對於這些事情有什麼建議的處理方式，是希望爸媽直接和任課老師溝通，或是導師可以協助處理。

特別上了國中，各個任課老師的要求和規定都有所不同，粗心大意的孩子可能一不注意就會觸犯規定。而在孩子學習承擔後果之餘，親師若能在偏差行爲剛出現的階段，共同引導孩子回到正軌，更能起到防微杜漸的效果，以免問題更嚴重時，處理起來的難度也隨之提高。

關於和風格迥異老師的溝通時，可以秉持以下原則：

給予建議不下指導棋

「老師啊！你可以不要記他警告改罰他去跑步嗎？我可以接受跑步啦！」老師聽完媽媽的話，只覺得哭笑不得，因爲上一個媽媽希望罰抄，下一個媽媽希望跑步，每個媽媽對於規矩都有自己的想法，但通常窒礙難行的原因，是老師必須面對二、三十個孩子，若每個人都有不同的規則，可能孩子們也會抱怨。但媽媽們會疏忽這個部分，只覺得老師爲什麼都一意孤行，怨懟也會默默滋長了。

每個老師都有自己的帶班風格和習慣，尊重老師的判斷，是開啟溝通的第一步。

聚焦問題本身的探討與解決方案

有些老師下意識抗拒和爸媽聯絡，就是怕雙方在溝通時失焦，而非著重孩子此刻的問題。其實孩子的表現通常是複合式的情況，並非單純在學校才發生。當老師致電家中時，父母往往也感到無力，訴說起孩子更多在家的不良行爲。

在雙方了解孩子的不同面向時，最好能討論出「該如何相互配合」以達到幫助孩子的策略。若是雙方都沒有更好的解決辦法，也可以尋求輔導老師和孩子進行更深入的談話，以便了解問題的癥結點為何。才不會讓雙方覺得明明都有在聯絡，卻無法調整孩子的行爲，爾後更害怕接到對方的訊息，萌生挫敗的感覺。

有時和爸媽對話，也難免要處理的是大人的情緒狀態。我曾碰到一個案例，在和媽媽討論孩子上課秩序問題時，媽媽忽然情緒崩潰。因爲爸爸長年外派在大陸，所以媽媽必須要自己管束青春期的兒子，在自己的工作不順利，孩子又處叛逆期的壓力下，情緒累積已達到了臨界值，聽得出媽媽的身心俱疲。

我很清楚現下要處理的問題，不只是孩子的狀況，還有媽媽身上承受的各種壓力。除了同理外，也引導媽媽試著放鬆身心，或是尋求專業諮商的協助。畢竟老師是願意和家長們溝通合作的，但不見得每個人都具備輔導背景，再碰上複雜的家庭情緒時，老師們可能也是束手無策。

因此當遇到孩子的問題時，建議在對話中要時刻聚焦於本次的問題點，以免在冗長的會談中失焦，也會影響親師間合作的氛圍。

使用三明治溝通法

大部分老師在接到家長電話時，難免會有點緊張，內心不免升起這些念頭：是不是教學上有疏漏？有哪些地方沒有盡到照顧的責任？絕大部分的家長並不是想單純指責老師，而是希望彼此透過合作的方式協助孩子，此刻就非常建議使用「三明治溝通法」，讓老師可以明白家長所要談論的問題之餘，亦能感受到認同與尊重，也是讓雙方維持良好關係的一大要點。

1. 三明治上層：肯定、感謝

致電老師時，建議可以先就老師對教學或班級經營上的具體行爲做出肯定，例如：感謝老師用心製作講義，讓孩子對於課文內容的架構都有更明確的認識等。除了緩解「來者不善」的感覺，亦能讓人感受不是單純要被投訴或糾正，而是自己的付出與努力還是有被看見，先奠定溝通的基礎。

2. 三明治內餡：核心問題與建議

接著，爸媽可以提出最主要想和老師溝通的點，先說明自己的問題與期待，再由老師回答，例如：「我家孩子在文言文閱讀理解上好像不太行，模擬考成績一直有些卡關，不知道老師有什麼樣的建議呢？」

這樣敘述的好處是老師在接收到爸媽的問題後，能就自己的教學經驗與專業角度，給予引導孩子的策略。若爸媽還有其他的想法，就可在此之後提出，例如：「感謝老師的回答，我們會告知孩子。但我們不太確定該如何指導與準備教材，這部分可否請老師幫忙？或是我們在家中可以如何協助？」讓問題的討論能更爲完整。

3. 三明治底層：表達相信與鼓勵

「謝謝老師的建議，讓我們更清楚該怎麼做了。」不僅家長能得到解決問題的良方，老師也受到鼓勵，親師雙方也能建立起正向循環的溝通氣氛。

溝通時要注意的三個重點

親師對話出現阻塞時，可能是太過著重要對方接收到自己的建議和情緒，而忽略了對方也有自身的立場，使雙方無法站在合作的層面看待彼此，齟齬也容易隨之而生。所以在溝通時，必須注意三個重點：

1. 本次溝通，自己的目的是什麼？

會特別去找老師溝通，一定有某個目的，是希望孩子的行爲能夠改善、成績再提升、情緒更穩定，或是對於各種方面的期許？在打電話之前，都要先想清楚。

“因爲人們通常會對於「最先」或「最後」接收到的訊息留下最深的印象。利用「肯定→建議→肯定」的方式，可以避免對方心中的防衛機制，讓好的建議被拒之門外，也使溝通更加順利。

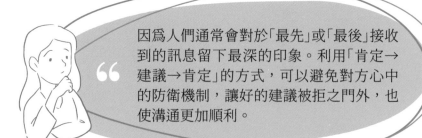

2. 希望為對方創造什麼益處？

若是對老師的管教或教學上有意見時，家長的去電能夠爲老師帶來什麼樣的益處？這聽來似乎有些弔詭，會打電話反映，往往就是對於某件事感到不滿啊！但如果只是單純的指責，對方很難領情，不如換個方向思考，這次的談話是否「能使對方獲得益處」，而非僅有單方的意見。特別在親師溝通上，主要都是爲了提升孩子的適應與學習力，基於這項原則，絕對是雙方都樂見的成果。

3. 彼此的關係能透過這次溝通變得如何？

畢竟大部分孩子和老師的緣分，通常是以一學期或學年爲單位的。有些甚至是三年都由同一位科任老師教導。若是彼此交惡，孩子勢必也會感受到緊張的氣氛，也會影響到孩子和老師間的關係。所以秉持這些原則，更能讓親師溝通順暢進行。

信任讓親師共同化解危機

親師間的尊重與信任，能夠爲彼此帶來什麼呢？在我的教學生涯中也有和家長共同解決危機的小故事。

那是一個午休結束的短暫下課。當全校都還沉浸在午休的靜謐中，班長神色慌張地出現在辦公室：「老師出事了！安安受傷了。」當我看到孩子的手臂時，差點沒昏厥過去。只見手臂上大面積的紅腫與水泡，部分皮膚看起來都快脫落了。「怎麼會這個樣子？」原來是兩個孩子在搶奪飲水機時，一個人不小心按下了熱水，安安的前臂就這樣燙傷了。

我緊急陪同孩子送醫，也立刻通知雙方家長前來處理。安安的爸媽都在外縣市上班，一時間無法離開工作崗位。聽著孩子處理傷口時的尖叫聲，讓我的心也糾結了起來，這樣的痛楚可能是任何一個媽媽看到都會撕心裂肺的。該如何好好處理這個危機，也考驗著老師和雙方家長的智慧。所幸平時我們就保持著互信關係，當事件發生後，家長們也願意透過老師居中協調。

「老師，你覺得該怎麼做比較好？我們一定會全力配合。」小倫爸媽趕到醫院探視安安的傷勢，孩子看著自己的無心之過竟造成了這樣大的傷害，愣住一旁不敢出聲。

「那我去和安安媽媽詢問一下，看看媽媽的想法如何？」兩個孩子平常就是玩在一起的朋友，會發生這種事情，也是始料未及，但還是要看看安安媽媽的想法。

「我知道是兩個小男生在玩啦！但安安的傷勢讓我很心疼。老師你覺得後續怎麼辦比較好呢？」看著媽媽焦慮的眼神，我一邊安撫著安安媽媽，一邊也和小倫媽媽傳達這樣的情緒。

「老師你看這樣好不好，我們明天會帶著小倫和一些補品去安安家探望，一方面讓小倫知道事情的嚴重性，也讓孩子親自和安安道歉。孩子這次受傷的醫藥費，我們也會負責到底，務必要讓安安得到好的醫治，不要在手上留下後遺症和傷痕。」

「那當然沒有問題，謝謝媽媽設想周到，相信安安和家人也能感受到同理與安慰。」在這次的事件中，除了小倫媽媽展現充足的誠意，也很感謝家長們願意相信老師的協調，並理解孩子的無心之過，雙方父母能夠互相體諒、理性溝通，讓事件順利落幕。兩個孩子不僅從中學習到要拿捏玩耍時的分際，也恢復了彼此的友情。

還有個有趣的題外話，有次小倫和其他同學玩耍的時候，不小心被同學的手肘撞到嘴角流血，我打電話給小倫爸爸時，爸爸緊張地問道：「老師我想確認一下，這次是我兒子讓人家受傷，還是我兒子受傷了？」看來意外事件，也在爸爸心中留下不小的陰影。

親師溝通的重點，就是要共同合作，取得雙贏的局面。無論是親師或是親子間的溝通，若能注意到上述的幾項原則及溝通的小技巧，相信大部分的老師都能夠接收到家長的善意，雙方合力協助孩子的各項行爲，這也是我們所樂見的狀況。

2-9

親師間一觸卽發的衝突現場

「你是這個班的導師嗎，我要投訴他們的數學老師啦！是不是看不起我女兒？」電話那頭的爸爸怒不可遏地說到。

「媽媽您好！請問是發生了什麼事呢？我可以了解一下嗎？」接到電話的導師小心翼翼地詢問著。

「我家女兒因為最近天氣冷，所以多穿一件自己的外套。結果數學老師看到了，就說我女兒自以為是韓國女星，花那麼多時間追求外表，怎麼不多算兩題數學！你聽聽看這樣合理嗎？」

「好的，我去了解一下狀況再跟爸爸回報。」撥著數學老師的分機，導師想要了解事情的原委到底是如何呢？

通常任教超過十年以上的老師，很少有人沒接過怒氣沖沖的家長電話。特別是學期初，孩子與新的任課老師磨合之際最容易發生。如同上述的故事，在深入了解後才明白這個孩子正值青春期，對自己的外表本就有些自卑，老師無心的話語讓孩子感到受傷，家長心疼孩子，才會揚言要投訴。

通常發生親、師、生三方衝突時，有經驗的老師都會多方詢問現場的狀況，在交叉比對後還原出當時的情境。原來那天孩子在課堂上有點分心，老師有些不悅才會脫口而出這些話，在多方調解後，總算是大事化小順利落幕了。但更多擦槍走火的情況，也在教育現場不斷發生。

不可諱言，現在的社會風氣已有極大的變化。過往以師爲尊的教學環境，已轉化爲尊重與溝通的形式。學校老師一次要照顧的是班上二、三十位孩子，除了兼顧生活、人際、作息外，還要肩負起知識傳遞的角色。如何在課程的內容中優化、活化，讓孩子覺得學習是充實有趣的，並且也要顧及孩子的學習效果，培養應考能力等等。只要一個疏忽，在說話態度或處事細節上，就難以面面俱到。

與不同風格的老師相處也是一門藝術，當彼此出現磨擦時，可能需要一段時間消化。現在的孩子該以何種方式適當地表達自己的意見，也是親師間共同面對的課題。

投訴，親師衝突的紅線區

但若是完全跳過與老師溝通，直接向上級甚至教育局投訴，無疑是親師關係中最具殺傷力的事。在現行的教育環境中，接到投訴並不是什麼稀奇的事。我身邊有任教於台北市精華地段國小的高中同學，據他的分享，他們每一兩周就會接到不同的投訴，辦公室的同事們早已習以爲常。「上次我接到一張，是投訴我的裙子沒有穿過膝蓋。」聽起來讓人有些好氣又好笑，卻是眞實發生的事件。

可以想見「投訴」這樣的機制，是爲了讓教育人員能更明白自己還需要調整的地方，但也讓人不免提出這樣的思考：在班上，即便九十％的同學都對老師的教學與帶領感到滿意，只要有一位以上的同學或家長不滿意，老師的努力就視同付諸流水。追求「零負評」，變成了教育現場中的緊箍咒。一旦接到投訴事件，當事人就必須寫報告上呈，也讓老師們成爲驚弓之鳥，似乎明哲保身才是安全之道。

不諱言某些特殊狀況，例如性平或是霸凌事件，徹底侵犯孩子的人身安全時，確實必須立即通報。而大多數的投訴狀況，可能都是和老師的互動發生齟齬。若持續溝通無效，確實可能要尋求其他管道居中協調。

但絕大多數的老師在知道這些事情當下，通常已經越過許多層級。除了找校長、主任外，直接投訴教育局，甚至在媒體披露都時有所聞，讓原本能透過「溝通」調整的問題被放大檢視，老師可能在種種壓力下道歉或離開原有的職位，孩子們更發現原來可以有各種方式來對付自己不服氣的老師，日後對老師的態度也很容易受到影響。

況且在孩子心中，與這個老師的問題並沒有被眞正解決，即便換了下一個老師，可能也會擔心若是與這個孩子相處不融洽時，會不會遭到投訴？反而不敢給孩子更多的提醒和指導。在彼此信任感破裂的狀況下，這對孩子與家長來說，究竟是一場勝利，還是一場三輸的局面？

記警告，警誡的是家長還是孩子？

「老師，我知道孩子違反常規，但記警告這件事，我實在沒辦法接受。」

對於許多自律甚嚴的父母而言，記警告，就像宣告著一個污點的印記。即便現行消除警告的方式並不會非常麻煩，消除後也不會在升學上有任何影響，但很多父母還是會針對記警告一事和老師爭論不休。

通常會用到警告的處分，多半是孩子已有較嚴重的違規，經老師多次勸說後無效，才會使用校規處理。在爸媽的方面看來，會覺得爲什麼老師一打電話來就要記警告；但在老師看來，可能已和孩子好言相勸多次，行爲卻遲遲未見改善，才會給予警告的處分。

我就曾處理過這樣的衝突。孩子因爲未繳交生活科技課的作業，被任課老師記了警告。當我通知家長時，媽媽不高興地說：「老師，我們完全不知道有這項作業。如果我們知道，至少會叮嚀他。我們也不是不管孩子的人，能夠不要記這個警告嗎？」這種資訊上的延遲，也常是親師溝通的失衡點。

像我一般會在電話中開宗明義地告訴家長：孩子做了哪些事情違反了校規，但**會以「共同協助孩子導正行為」為首要目標**，先將這個「警告」列爲暗過，若孩子遲遲未修正行爲，還是要以校規處分，在經驗中大多數的家長都可以接受。

畢竟孩子就是正在學習中的個體，願意給他們修正的機會，絕對比單純用冰冷的警告來得好。再者，也不會讓孩子對於「記警告」感到麻木，反而因爲有轉圜的餘地，他們多半會收斂自己的行爲，亦能達到嚇阻的作用，對於其他孩子來說，也能夠維持一定的公平性。

“和老師們分享：若孩子平時就有頻繁的違規事件，可以和家長時刻更新。屆時需要以警告處分時，家長也能理解事件過程。

孩子表現不如人意，帶給父母巨大的壓力與擔憂

在多年的教學生涯中，我常常在和父母溝通時感受到一顆焦慮不安的心。

「有時候我會覺得孩子做得不好，好像是我們督導不周一樣。」一個家長在孩子畢業後，默默和我吐露心聲，特別是「媽媽」這樣的角色，在某些家庭中被賦予全然照顧孩子的責任。有些人可能是全職家庭主婦，或是父親長年在外工作的僞單親，或是這個孩子是家族中衆人矚目的焦點。

我曾因爲電話一時間聯絡不上媽媽，轉而通知爸爸孩子的違規事件，事後媽媽非常不高興地打來告訴我：「老師！你以後可以不要聯絡他爸爸嗎？我老公質問我爲什麼讓老師打電話給他，爲什麼沒有把小孩子教好？」

媽媽的身上，可能就有來自各方的壓力，一旦孩子出了什麼狀況，情緒可能不自覺潰堤。建議此刻親師雙方可以暫緩溝通，除了避免更大的紛

爭，也能夠把焦點再次拉回：如何能夠幫助孩子擁有更好的表現。

我們都希望孩子在學習路上能遇到自己認同的師長，但他們一生中會遇到的老師何其多樣，不僅是將來的求學場域，爾後進入職場，來自各種環境的上司與同事，都考驗著每個人的適應能力。「水可載舟，亦可覆舟」，教育現場的衝突與投訴，能爲親、師、生帶來什麼？彼此「想要透過對話達到什麼目的」？仰賴著雙方的情商與溝通能力，孩子也能從中學習到處事的智慧。

給新進老師的分享點

曾經，我也苦惱於如何與家長維持關係。看著身邊的資深老師與家長保持良好的互動，甚至會幫孩子安排校外參訪與聖誕活動，忍不住向他請教祕訣為何。

他微笑地說道：「因為我們有共同的目標呀！你只要記住：**以孩子的成長為最高原則，就能解決大部分的問題**。當家長們知道我的出發點都是為了孩子好，即便他們有什麼疑惑的部分，通常也會願意和我配合與溝通。」

在他的指導下，我也漸漸明白和家長溝通要掌握的訣竅為何，也希望分享給初入教育界的伙伴。

親師在溝通上容易出現的問題，大部分源於雙方在「各說各話」，還有一開始就引發彼此的情緒波動。所以最好把握這三項溝通原則：

1. 積極聆聽，避免啟動個人防衛機制

在家長來電時，先以「不帶情緒」的方式聆聽家長談話的內容。

此時可以注意兩個層面：**第一是家長「所反映的事項內容為何」**？**第二是家長「如何看待這件事情」**？

很多時候老師接到來電的當下，就已先觸發了自己的防衛機制，覺得家長就是要打電話抱怨的，甚至要指責我們的不是。當我們在這種預設立場下就很難再做到「積極聆聽」，也會讓後面的對話難以進行。

2. 重複對方的需求

聽到家長的訴求後，可以重複剛剛所提出的問題與需求點，這部分是為了更進一步確認雙方是不是在討論同一件事情，並且更深一層**理解「背後所隱含的情緒是什麼」**？例如家長可能打來抱怨任課老師對孩子的態度，後面可能是心疼孩子的不捨。

當我們能夠感受並且點出家長的擔心時，家長也會因為自己的情緒被同理，進而對老師產生信任感，讓後續的溝通變得更加順利。

3. 面對質疑，不隨之起舞

老師們通常對教學或班級經營都有自己的一套，若是家長不太理解，甚至質疑管教失當或各種問題時，常讓人深感有苦難言，忍不住要捍衛與解釋自己為什麼會這樣處置孩子。而當雙方在情緒高漲的狀態下，早已忘記原本談話的目的，衝突也就箭在弦上了。

此外，**也要提醒很多新老師們注意，絕對要避免給孩子貼標籤。**很多時候，老師會因為孩子屢勸不聽，在言談中不經意地加入了個人評價，像是「你們家的小孩就是很懶惰啊！都不認真打掃」或是「他就是上課都很不用心，都在跟別人聊天、講話」「每天不寫作業呀！」等等的話語。一旦我們在談話中加入了「都」、「總是」、「每次」這種絕對性的字眼時，聽在家長耳裡一定會覺得非常不舒服。

這種主觀判斷語句自然也會讓家長覺得「老師就是不喜歡我的小孩」。試想身為家長，聽到這類的言論一定容易引發情緒與防衛機制，溝通也愈發難以成功了。聚焦於「對孩子好」的合作模式，才能創造一個三贏的局面。

3

升學念書有一套

3-1

選擇高中還是高職？如何協助孩子探索興趣？

課堂上，老師介紹了 YouTuber 六指淵的影片設計教學平台。看著影片特效，小倫的心中泛起了崇敬。對影片製作也很有興趣的他，心中忽然升起了一個念頭：將來的我，要做什麼呢？他喜歡電腦與科技類的知識，也想過就讀高職，但爸媽似乎覺得升學還是要以高中為主。同學小美也有著自己的困擾。她沒有那麼喜歡學科類的知識，所以很早就打定要念職校，可是對她來說，並沒有很明確的興趣，好像念什麼科都差不多。他們兩個人對於所謂的「未來」，感到迷惘與困惑。

讓我們恐懼的對象並不真的那麼可怕。真正讓我們覺得害怕的，其實是那些捉摸不定的未知。

——侯文詠，《我的天才夢》

升上中學，對正值青春期的孩子們來說，未來，看似遙遠，又非遙不可及。他們想像著自己的各種樣貌，卻又感到徬徨不安。而孩子們第一個會碰到的選擇關卡，就是下一個階段，到底是要讀「高中」還是「高職」？建議爸媽可以先做下列的小測驗，看看自己的孩子比較符合哪一組的特性：

A：

□比較喜歡動手實作的科目，屬於觸覺型學習的孩子。

□對於靜心看書較無興趣。

□喜歡具體事物的學習勝於抽象思考。

B：

□能將抽象的知識進行歸納、統整，屬於視覺與聽覺學習型的孩子。

□對於較長時間的學習能秉持耐心。

□在未來的方向上尚未有明確目標。

如果是A組，那比較適合「高職」；如果是B組，則比較適合「高中」。其實在這兩種方向的選擇上沒有絕對，也應該納入個性和喜好做爲評斷。

念高中還是高職？及早探索更從容

建議爸媽可以在孩子剛上國中時從下列四個方向搜集資料，會更清楚孩子將來該選擇高中還是高職：

1. 先了解自己孩子的特質

很多爸媽都是在拿到會考成績單時，才開始思考孩子到底要念高中還是高職？在選塡志願時除了看分數的落點外，更重要的是孩子的個人特質。

孩子從小到大的學習過程中，有沒有展現什麼嗜好？喜歡哪些類型的事物？這些都需要長時間的觀察。現在國中輔導室會在學生入學時，爲他們準備「生涯檔案」，也會在不同年段進行個人的性向測驗。爸媽也可以參考這些測驗的結果，爲孩子歸納出大致的方向。

很多孩子會說「我不知道自己喜歡什麼」，那麼我們可以先從「剔除不喜歡的事情」著手。像高職有十五個職群，爸媽可以先和孩子討論，刪除較沒有興趣的部分，再針對剩下的地方加以探索，相信會更爲聚焦。

也有許多人會把「擅長的科目」當成是未來發展的方向。的確，如果在這個項目有較好的能力，發展起來確實會比較輕鬆，但並不代表就具備足夠的熱情，可能只是掌握了該學科的技巧罷了。

2. 參照會考成績，同時考慮將來升大學的方式

通常拿到會考成績單，前段的孩子多半會選擇高中就讀。因爲從各個高中的招生人數，就能夠推算出來落點學校。

但對於中段以後的孩子而言，落點就較難估算了。因爲他們的選擇可能是：公立高中後段、公立高職，私立高中和私立高職。特別像現在的「超額比序」制度都很強調「志願序」的選塡，如果沒有趁早做出規畫，等考

試成績出來才思考，那絕對會手忙腳亂。

如果選擇高中，也可以稍微思考將來可能會用什麼方式進入大學？想用優異在校成績申請的「繁星入學」；或是扎實學習歷程面試的「申請入學」；還是直接用「分科測驗」一試定江山，都是選擇上的考量。

若是選擇了高職還需要注意，由於將來主要是以「統測」的方式升學，但國立科大的間數相較於國立大學的比例只有一半以下，而且主要以工科爲主，以免要升大學時才發現選擇有限。

3, 了解各個學校的辦學特色

一般而言，前段成績的孩子會依照高中的排名順序填寫志願，而中段的孩子會開始選擇社區型的高中入學。除了距離家裡的遠近外，各校的辦學特色也是可以參考的部分。

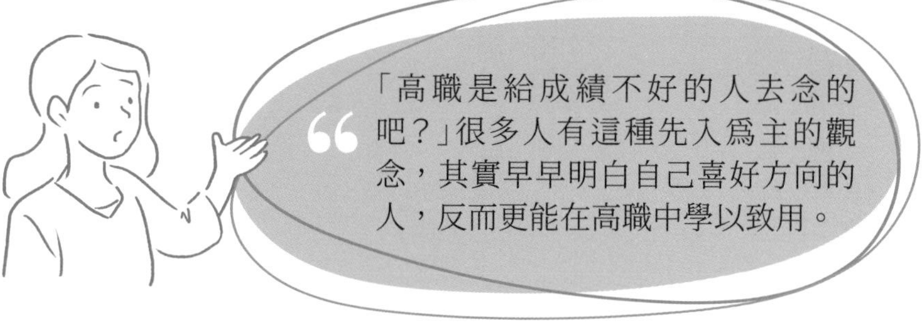
「高職是給成績不好的人去念的吧？」很多人有這種先入爲主的觀念，其實早早明白自己喜好方向的人，反而更能在高職中學以致用。

像各個高中都有「校訂必修」課程，在國中時期，就能先針對較有興趣的學校了解課程上的特色，或是開設了什麼樣的「多元選修」。有些都是與大學科系相關的課程，等於修了這些課，就能接觸學科的內容，對於將來在科系的選擇上也會有所幫助。

以往在高二時，必須選擇文組或理組就讀，現在則稱之爲「班群」，每個學校在分類上也不太一樣。像有些學校就分爲四類：將以往的「文組」分爲文史哲與法商兩類，其餘則爲數理電機群與醫藥農工群；有些學校則是分爲兩組：人文社會學群或理工生醫族群

這些校際的課程內容，都能在「高中課程計畫平台」中找到。爸媽可以在平常與孩子一同研究課程內容，也能協助他們訂立心儀學校的目標，增強自己的讀書動力。

4. 及早探索興趣

即便選擇高中就讀的孩子，三年後也必須面對大學科系選擇。所以不如讓孩子在步入青春期時就試著拓展他們的生活環境，去探索自己有興趣

的領域。

特別是打算就讀高職類科的人，因爲已提前選定職科，往後在校內的轉科也不是那麼容易。有些人在沒那麼了解職科內容下，念了三年後還是決定在大學時換科系，又必須從頭開始。所以及早探索，更能讓孩子少走些冤枉路。

父母若能先了解高中、高職的差異，並在成長的過程中觀察孩子的特質，給予適時的建議與支持，相信在他們探究自我的道路上，能感到更加安心與踏實。

如何陪孩子探索興趣？

探索興趣說起來容易，其實也沒那麼容易，很多人甚至長大後還是不知道自己的興趣在哪裡。而興趣

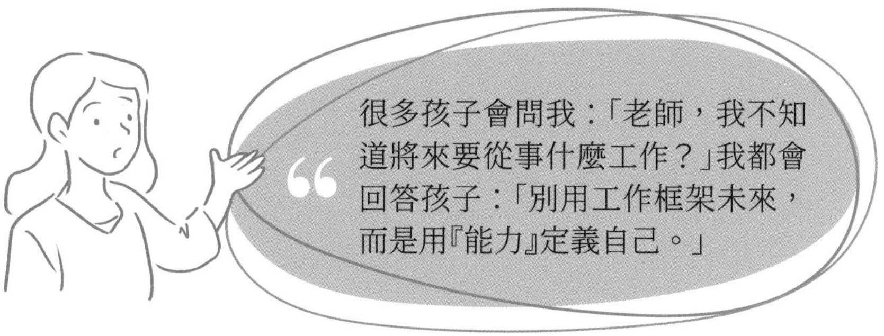
“
很多孩子會問我：「老師，我不知道將來要從事什麼工作？」我都會回答孩子：「別用工作框架未來，而是用『能力』定義自己。」

也不是時間到了就會從天上掉下來，必須經過很多的體驗與嘗試，才能夠深切體會自己對什麼事情是願意投入心力的。因此，父母又該如何協助孩子探索興趣呢？可以從幾個方面著手：

1. 觀察孩子的熱情所在

相信很多父母會在孩子週歲時爲他們安排「抓周」，一方面是有趣，二方面也好奇孩子對什麼方向會有興趣。隨著時代的變化，大部分父母已經不再抱持著「讀書至上」的觀念，也能接受孩子擁有多元的興趣。

雖是如此，也有不少父母爲了讓孩子體驗興趣，在小學階段就替他們安排各式各樣的課後才藝，深怕孩子一有空檔，時間就浪費了。我曾經看過一個小學生的週末課表，星期六一早要先去上英文跟足球，中午吃完飯後，還有小提琴和畫畫課。當孩子在才藝課中疲於奔命時，他能夠感覺到的，可能已經不是這項活動帶來的放鬆與滿足，更別說如何從中感受到熱情了。

其實現在的孩子，多半很有自己的想法。爸媽不妨觀察一下，孩子對什麼方面有興趣，然後協助他們前進。可能找專業的老師指導，或者一起討論如何精進能力，讓孩子看見自己的進步與成功，才能讓「培養興趣」不只是一種泛論，而是眞正價値與光芒的所在。

2. 同樣的興趣也可能發展出不同的道路

很多女孩都喜歡製作甜點，甚至不少孩子會帶自己做的小餅乾、蛋糕來和同學分享。但喜歡做甜點，將來就要變成甜點師傅嗎？孩子們常常都會有這樣的疑問。

這時候可以引導孩子深入探究，做甜點很開心的原因到底是「在做甜點的過程中獲得成就感」、「想要完成精緻甜點裝飾的藝術感」，或是「看到別人吃下甜食的幸福感受」呢？如果是想親手完成而獲得成就感的人，那麼不一定只能成為廚師，在設計或是創作上也能有一樣的感覺。如果是希望自己的食物能為他人帶來愉悅的感受，那麼就算不透過料理，比如拍一部令人

感動的微電影，或是在文創市集看到他人戴上自己做的手工飾品，也一樣能得到滿足。

從「喜歡」和「擅長」之處出發，找出能讓自己產生心流並投入其中的事。我們並不是探索自己要做什麼特定的職業，而是從中觀察「自己喜歡什麼特質的事」，這樣一來，也有助於自己找到將來工作的方向。如果有幸能結合自己的「興趣」與「專長」，那就更美好了。

所以「喜歡籃球」也不是只有成爲籃球選手的單一選擇。管理選手健康的運動營養師、運動科學的教練、球隊公關、報導比賽的記者、攝影師等也都與籃球相關。藉由深入思考「喜歡的理由」，更能搭配職業的性質去尋找方向。喜歡的地方和原因不同，也會發展出不一樣的目標與道路。

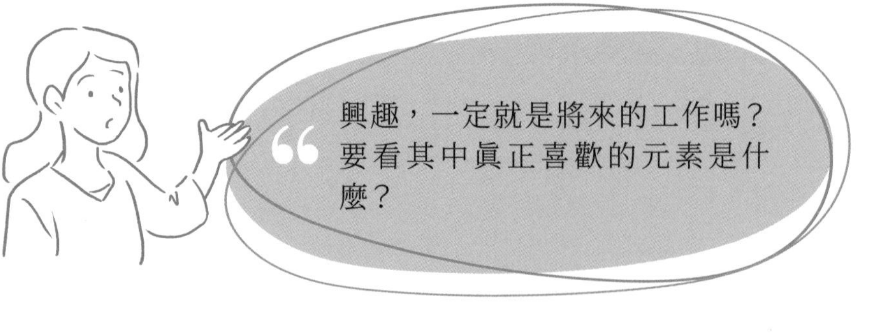
“
興趣，一定就是將來的工作嗎？要看其中眞正喜歡的元素是什麼？

3, 引導但不控制孩子的生涯選擇

即便父母希望孩子培養出自己的興趣，但對於科系與職涯的選擇，往往還是會看到親子間的角力。許多父母可以接受孩子有各種嗜好，但碰到和工作有關的科系選擇時，往往還是很難放手。多數的孩子充滿對未來的不確定感，加上不想違逆父母，多半還是會選擇妥協。

牛津大學於二〇一三年曾發布一項報告，分析了七百多種現有的工作，發現有將近四十七%的工作在未來二十年內可能會消失。孩子將來從事的工作也許根本還沒有出現，我們又該如何肯定爲孩子挑選的選擇絕對無憂呢？

特別這些選擇若和孩子的本性相距太遠，也很難走得長久，重點還是在培養因應未來的能力。父母可以替孩子分析，引導方向，但最終還是要由他們來承擔自己的人生選擇。當父母沒有「非要孩子成爲誰不可」，孩子才可能發展出自己的樣貌。

如果孩子沒有很明確的興趣，該怎麼辦？

很多父母困擾的是：我的孩子好像沒有什麼自己的興趣？

這種情況通常出現在兩類孩子身上：一種是學習成就低落，感覺自己什麼都學不會，也沒有特別的興趣；另一種則是生活經驗較少，所以不知道自己對什麼事有興趣。

關於這點，爸媽也毋須過於緊張，孩子在成長的道路上還會認識各種人、事、物，感興趣與擅長的事情也可能不斷變化。所以還沒有明確方向也沒關係，只要誠實面對自己的狀態，細心感受，總有一天能找到想做的事。

我常告訴孩子們，現在的你可以有不同維度的想法，如果已經有比較明確的方向，那在顧好基本課業之餘，可以多花力氣在自己喜歡的事上；如果還沒有比較具體的想法，那念好課業對你來說，一方面在累積自己的知識，二方面也為自己帶來更多的選擇機會。隨著你的見識和年紀的增

長，不知道什麼時候就會出現自己想嘗試的事，屆時你的立足點也會和別人不同。

韓劇《天空城堡》裡一心要把孩子推上醫學院才算成功的父母，或是《如蝶翩翩》中認爲孩子大學畢業就是要去一流企業上班的父親，似乎孩子做什麼才會感到幸福這件事並不在考量中。他們前往各種功成名就的道路，卻在此之中找不到「自己是誰」的定位。

我在教師工作中常常碰到很多孩子在國三或高三要選塡志願的時候，感到非常迷惘，即便是大學畢業的孩子，對於就業一樣充滿不安。

師長們所能協助孩子的也許是盡量讓他們多體驗各種事物，甚至是踏入社會，感受實際的生活互動。像歐美孩子流行的Gap year，跨出舒適圈的體驗人生，也有助於他們理解自己。

能夠陪伴孩子在人生中走過一遭，是極其美好的

“我們並不是尋找到一個屬於自己的「天命」，然後就終生做著這個工作。人會因爲經歷不同，而有許多想法上的改變，甚至不斷轉換職涯，這是自然發展的過程。

旅程。無論孩子將來選擇了高中抑或高職就讀，了解自己、探究自我，更是一輩子的生命課題。人生本就不可能一帆風順，累積彎路的過程，看似緩慢無用，但青少年時期的探索，不僅機會成本尚低，還能讓孩子學會安排自己的人生，在將來的轉換期也更能踏實前行。

3-2 國中會考大揭密

在畢業三十幾年的高中同學會上，班代宜芬聊起了自己的家庭和孩子，雅婷忍不住問到：「話說你們家老大是不是剛考完國中會考啊！我們家姐姐今年升上九年級，我才發現原來現在制度變得這麼複雜！聽說現在每科都在考閱讀，題目都變得很長，還聽說有些同學連志工時數都還沒做完，你有弄得比較清楚嗎？」

對於遠離學生時代已久的爸媽們來說，如果沒有特別研究考古題，可能不太清楚現在的考題趨勢了。現在會有那些類型的考題呢？舉三個國中111與112年會考的題目，給大家參考一下：

阿明和小豪正在試玩一套自行設計的月相卡牌遊戲，其規則與流程說明如下所示：

月猜月快

遊戲物件：

1. 兩組卡牌各29張，其中一面寫著農曆初一(1)到二十九日(29)，另一面為代表該日期的月相。
2. 按鈴一只。
3. 紙板兩張，皆寫著：日期數字較小者、日期數字較大者以及對應的置牌區。

遊戲流程：

1. 玩家各取一張紙板、一組卡牌。洗亂卡牌後將月相那面朝上擺放。
2. 遊戲開始時，兩人各自取牌堆的首兩張卡牌，在不翻面的情況下，思考卡牌代表的月相日期，將其放置在自己的紙板上，並按鈴搶答。

計分方式：

按鈴者翻開卡牌，若卡牌組合放置正確得2分，錯誤則由另一位玩家得1分。

兩人在某次取牌後，阿明先放置好卡牌並按鈴，小豪聽到鈴聲數秒後，才將卡牌放置完成，兩人的卡牌組合如圖(二十八)所示。

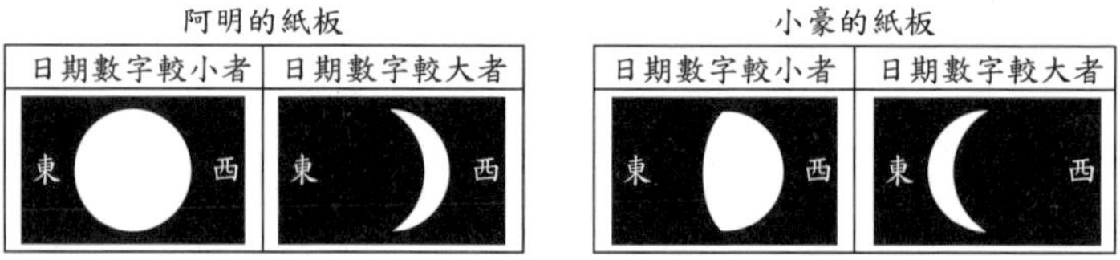

圖(二十八)

關於此回合阿明和小豪的得分與卡牌放置組合，下列敘述何者正確？

(A)阿明得 2 分，且小豪的卡牌組合是錯誤的

(B)阿明得 2 分，但小豪的卡牌組合也是正確的

(C)小豪得 1 分，且小豪放置卡牌組合也是正確的

(D)小豪得 1 分，但小豪放置卡牌組合錯誤，會得分是因為阿明答錯

有個洞穴中有一群人，他們的身子被鍊著，無法轉向，只能面向洞穴的內壁。他們無法看見身旁每一個人，亦無法看見身後的洞口。洞穴裡唯一的光源是一堆營火。有一道遮蔽物擋在這群人與營火之間，遮蔽物後有人高舉著人類和動物雕像來來往往。那些被鍊著的人看不見雕像，只能在內壁看到遮蔽物後雕像的影子，且這些黑影配合洞穴裡的回音舞動。對那些被鍊著的人來說，這些影子是真實的事物。他們無事可做，只能談論這些影子。

如果被鍊著的人中有一人被釋放，得以起身走出洞穴。陽光會讓這個人感到極大的痛苦，因為他只習慣於黑暗。等他習慣了光線，看見遮蔽物後真正發生的事情，他就能發現真相，得到啟蒙。

當這個人再回到洞內，試著告訴其他人外界的真相，其他人卻很可能無法理解並認為這個人是瘋狂的。就算這個人將他們釋放，想拉他們走出洞穴，他們依然只願相信內壁上的影子才是真實，甚至可能將這個人殺死。

假設右圖是寓言中所指的洞穴，則根據寓言的內容，甲、乙、丙三處依序最可能是下列何者？

(A)被鍊著的人／營火／舉雕像的人
(B)被鍊著的人／舉雕像的人／營火
(C)舉雕像的人／營火／被鍊著的人
(D)舉雕像的人／被鍊著的人／營火

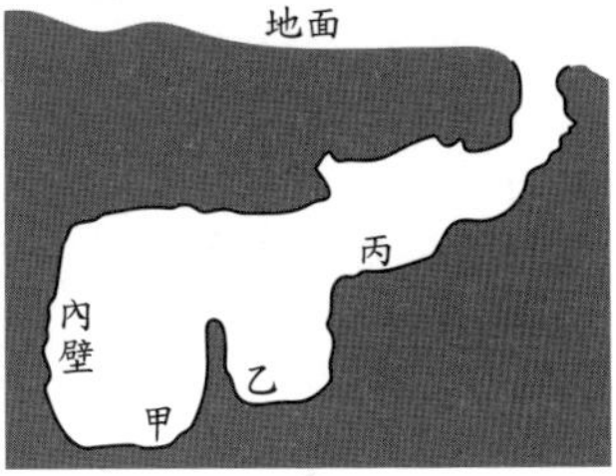

在這則寓言中，「這個走出洞穴後再回到洞內的人」最可能是象徵下列哪一種人？

(A)受迫的奴隸
(B)孤獨的先知
(C)命運的主宰
(D)蒙昧的愚者

業者販售含咖啡因飲料時通常會以紅、黃、綠三色來標示每杯飲料的咖啡因含量，各顏色的意義如表(一)所示。

表(一)

咖啡因含量標示	咖啡因含量
紅色	超過**200**毫克
黃色	超過**100**毫克， 但不超過**200**毫克
綠色	不超過**100**毫克

表(二)

	容量	咖啡因含量標示
中杯	**360**毫升	黃色
大杯	**480**毫升	紅色

我國建議每位成人一日的咖啡因攝取量不超過 **300** 毫克，歐盟則建議一日不超過 **400** 毫克。表(二)為某商店美式咖啡的容量及咖啡因含量標示，已知該店美式咖啡每毫升的咖啡因含量相同，判斷一位成人一日喝 **2** 杯該店中杯的美式咖啡，其咖啡因攝取量是否符合我國或歐盟的建議？

(A) 符合我國也符合歐盟

(B) 不符合我國也不符合歐盟

(C) 符合我國，不符合歐盟

(D) 不符合我國，符合歐盟

答案：C、B、B、D

上述三題，分別出自於國中會考的自然、國文與數學科考題。當然，並非所有的題目都是如此，但爸媽應該會發現兩件事情：

1. 題目敘述變得很長，這正是「閱讀素養」導向的趨勢。
2. 要能夠在這種題目中勝出，單靠很多知識的記憶背誦是沒用的。

閱讀很重要，光背誦沒有用

以111年會考爲例，英文和數學科的考卷字數約爲三千字左右，而其他如國文、自然與社會科的字數皆來到八千字上下。孩子們必須在一科的考試中閱讀大量的文字。所以有些數理科老師會開玩笑說很多同學成績不好，不是因爲數理不好，而是看不懂題目在說什麼，這當然也有部分的眞實性。

那麼一直讓孩子大量閱讀、看小說就行了嗎？也不盡然。現行的題目中很大一塊強調的是「閱讀理解的策略」與「邏輯推理的能力」，這和以往「背多分」的念書方式大相逕庭。所以不了解這些的孩子，即便很努力用功，可能在小考或段考上會有還不錯的表現，但碰到模考或會考等強調素養導向的題目時，成績可能就難以提升，長期也會造成孩子的無力。

先了解題型的特色與走向後，才能夠更加了解孩子們面臨的狀況是什麼。從閱讀理解策略著手，必須先看懂題目，才有辦法提煉出「題目眞正要問什麼」，進而測驗出各科的能力。

超額比序比什麼？

在十二年國教的體制下，每位孩子在國中畢業後，都可以再接受三年的高中教育，而各項升學管道中，又以「分區免試入學」的名額最多，全國八十五%以上國中生都藉由這個管道升上高中。全國也分爲十五個區域，只要是國中畢業都可根據自己所在的學區，報考當地的高中職或是五專。

免試入學的分發方式是由學生上網選塡志願，每個人會依照志願序錄取一個學校或職科。如果報考同一所學校的人數太多，無法從「總積分」

全額錄取時，就會進到「超額比序」階段，從多元學習表現，會考成績、志願序積分依序往下比較。

由於各個縣市的遊戲規則不太一樣，建議爸媽在孩子進入國中階段時，就先大致了解所在區域「超額比序」的遊戲規則，看看有沒有什麼需要特別注意的地方。以五大就學區爲例，112年會考的超額比序項目如下列表格：

多元學習表現

爲確保均衡發展，在分發時會參考孩子國中的在校表現，如：多元學習、均衡發展、品德表現、服務時數等等。由於各縣市採計略有不同，在此就列舉說明較常見的項目：

● **均衡學習：**健體、藝文、綜合三領域前五學期

項目	國中教育會考	志願序	多元學習表現				總分
基北區	36	36	多元學習表現 36				108
桃連區	33	15	多元學習表現 35	生涯規畫 6	就近入學 5	畢業資格 6	100
中投區	30	30	多元學習表現 27	就近入學 10	扶助弱勢 3		100
台南區	36	12	多元學習表現 50	就近入學 10			108
高雄區	30	30	多元學習表現 40				100

平均成績需滿六十分及格，亦即希望大家不要偏廢藝能科的學習。

● **服務學習：**即所謂的「志工時數」。孩子可至學校、政府機關、醫院，或是有依法登記的公益團體、財團法人等地服務。也記得做完要將時數登錄至系統，以免造成想登錄時卻弄丟了前面的憑證，最後只好再補做的窘況。

此外，各個縣市或是五專可能都會有不同的規定，建議可以先行了解並及早完成時數。

● **獎勵紀錄：**通常是指在校是否有違規的情況，一般而言，校方都會有消除警告的制度，只要在畢業前依循校方規定消除即可。而有些縣市會針對「小過以上」的紀錄給予扣分，也特別提醒爸媽注意。

● **多元學習：**很多父母看到多元學習有那麼多項目時，會焦慮孩子如果沒有什麼重大比賽的表現該如

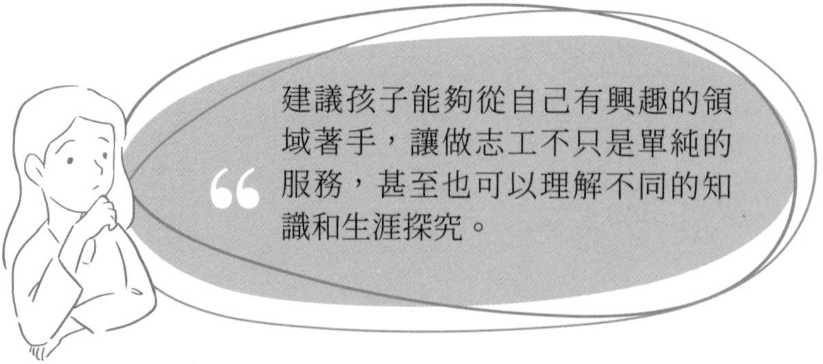
“建議孩子能夠從自己有興趣的領域著手，讓做志工不只是單純的服務，甚至也可以理解不同的知識和生涯探究。

何？但如果仔細計算，會發現這些項目都有其上限。即便沒有任何競賽表現和檢定證照，只要其他部分都得分，基本還是能夠在這個項目得到滿分。

從上面的介紹中可以看出，大部分縣市所要求的「多元發展」都是差不多的項目，而且大部分的同學其實都能得分，所以決勝的關鍵點，還是在於會考成績。

國中教育會考

雖然各個縣市的算法不同，但主要是參照下列答對題數的對照表，分爲精熟、基礎、待加強：

像在基北區算法相對簡單，是以拿到的成績做爲轉換積分，再看總分。同分的狀況下，再依國、數、英、社、自、作文分數比序。

112年國中教育會考
國文、社會與自然等級加標示與答對題數對照表

		國文		社會		自然	
精熟	A++	36-42	40-42	47-54	51-54	44-50	48-50
	A+		38-39		50		47
	A		36-37		47-49		44-46
基礎	B++	18-35	32-35	21-46	41-46	19-43	37-43
	B+		28-31		34-40		29-36
	B		18-27		21-33		19-29
待加強	C	0-17		0-20		0-18	

112年國中教育會考
數學科等級加標示與加權分數對照表

<table>
<tr><th>等級</th><th>標示</th><th colspan="2">加權分數</th></tr>
<tr><td rowspan="3">精熟</td><td>A++</td><td rowspan="3">76.20-100.00</td><td>91.60-100.00</td></tr>
<tr><td>A+</td><td>85.70-91.59</td></tr>
<tr><td>A</td><td>76.20-85.69</td></tr>
<tr><td rowspan="3">基礎</td><td>B++</td><td rowspan="3">39.70-80.49</td><td>66.20-76.19</td></tr>
<tr><td>B+</td><td>56.90-66.19</td></tr>
<tr><td>B</td><td>38.80-56.89</td></tr>
<tr><td>待加強</td><td>C</td><td colspan="2">0.00-38.79</td></tr>
</table>

112年國中教育會考
英語（閱讀）與英語（聽力）答對題數對應等級對照表

<table>
<tr><th colspan="2">閱讀</th><th colspan="2">聽力</th></tr>
<tr><th>等級</th><th>答對題數</th><th>等級</th><th>答對題數</th></tr>
<tr><td>精熟</td><td>38-43</td><td rowspan="2">基礎</td><td rowspan="2">13-21</td></tr>
<tr><td>基礎</td><td>14-37</td></tr>
<tr><td>待加強</td><td>0-13</td><td>待加強</td><td>0-12</td></tr>
</table>

112年國中教育會考
英語整體等級標示與加權分數對照表

<table>
<tr><th>等級</th><th>標示</th><th colspan="2">加權分數</th></tr>
<tr><td rowspan="3">精熟</td><td>A++</td><td rowspan="3">90.70-100.00</td><td>98.14-100.00</td></tr>
<tr><td>A+</td><td>96.23-98.13</td></tr>
<tr><td>A</td><td>90.70-96.22</td></tr>
<tr><td rowspan="3">基礎</td><td>B++</td><td rowspan="3">38.43-90.69</td><td>82.26-90.69</td></tr>
<tr><td>B+</td><td>69.01-82.25</td></tr>
<tr><td>B</td><td>38.43-69.00</td></tr>
<tr><td>待加強</td><td>C</td><td colspan="2">0.00-38.42</td></tr>
</table>

112年國中教育會考
各科等級加權標示人數百分比統計表

		國文		英語		數學	
精熟	A++	27.18%	8.40%	23.54%	7.02%	24.78%	6.35%
	A+		9.20%		5.02%		6.33%
	A		9.58%		11.50%		12.10%
基礎	B++	60.11%	17.91%	47.44%	12.19%	49.23%	13.79%
	B+		15.66%		11.53%		11.04%
	B		26.54%		23.72%		24.40%
待加強	C	12.71%		29.02%		25.99%	

		社會		自然	
精熟	A++	19.92%	7.22%	17.13%	6.03%
	A+		3.08%		2.85%
	A		9.62%		8.25%
基礎	B++	67.53%	17.27%	61.86%	15.72%
	B+		19.05%		15.77%
	B		31.21%		30.37%
待加強	C	12.55%		21.01%	

備註：

112年國中教育會考英語（閱讀）與英語（聽力）等級人數百分比統計表

閱讀		聽力	
等級	人數百分比	等級	人數百分比
精熟	27.41%	基礎	67.67%
基礎	48.84%		
待加強	23.75%	待加強	32.33%

而桃連區、中投區、台南區、高雄區則是採取先看「總積分」，再看「總積點」的方式。在這樣的考試規則，取得「A」就變得非常重要。5A在第一階段就比4A1B來得高。所以這樣的原則下，若有哪一科比較弱就會變得很吃虧。而在作文方面，桃連區將四、五、六級分歸爲同一個階層，以這樣的規則來看，作文只要能拿到四分以上即可。

志願排序不可輕忽

以前那種從建中、北一女，或是各縣市第一志願開始把志願卡塡好塡滿的方式，現在則完全不適用。雖然各縣市的規則略有不同，但目的都是希望學生能明白自己靠近的落點學校。可別小看「塡志願」這種事，想說都已經考到不錯的分數了，應該不用擔心。我就

“在總分相同的情況下，基北區、桃連區、中投區、高雄區看的科目比序爲：國數英社自。而台南區則爲：國英數自社。
所以可以看出，國文較好的同學，在科目的比序上將會優先勝出。

會看到學生高分落榜，就是因爲不夠清楚志願序的規則。

以基北區爲例，建議在第一個區間，也就是五個志願內就要塡上學校。所以會建議：兩個夢幻、一個穩健、兩個保障，以這樣的原則來塡志願，才能夠掌握志願序的分數。

而個人落點的部分也常令家長困擾，畢竟每年的錄取分數略有不同，所以參照「個人區間序位」就是非常重要的一環。對照各級學校的錄取人數，大致就能夠推算自己的落點爲何，再往上及下推展志願即可。

看完了介紹，相信爸媽對於現行的「會考題型」、「超額比序」和「國中基本會考」都有稍微的了解了，也能以終爲始地協助孩子準備升學的步驟。

此外，若是孩子想要跨區就讀，可以攜帶已轉好戶籍的戶口名簿，在考前向各校的註冊組申請變更就學區。但每個區域超額比序方式略有不同，若打算變更學區，建議提早了解各區域的限制，特別是志工時數的計算，以免屆時在超額比序上失分。

除了「分區免試入學」還有其他入學管道，而各校辦理升學的業務與相關資訊多半在註冊組與輔導室。若孩子有特殊的專長、喜好，或是任何升學資訊與入學上的疑問，建議爸媽可以去電學校這兩個單位詢問，讓孩子擁有更多的選擇機會。

會考制度和以往聯考與基測最爲不同的點是會考依據「學力標準」比較，分爲精熟、基礎或待加強三個等第，一份考卷能答對八成以上就能拿到「精熟」，而不是看自己在所有學生間的位置，難易度也較聯考適中。不僅納入國中三年的在學表現，也改變選塡志願的方式，就是希望不要只看重考試分數，還要同時關注孩子的各項發展變化。

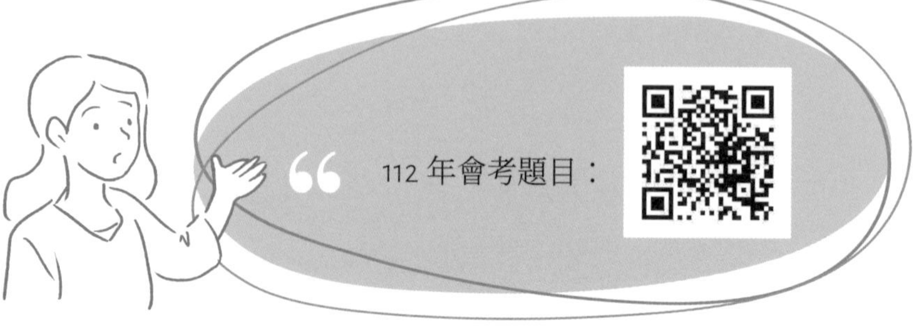

3-3

你是不是總覺得孩子不夠認眞念書？

「你可以認真一點嗎？」媽媽看著躺在沙發上滑手機的安安，忍不住吐出這句話。「七、八年級的時候，你說沒有什麼功課就算了。現在都已經快九年級了，也沒有看你很認真的在讀書。我們以前像你這樣的時候，都不知道有多拚命。」

安安一臉不悅地說：「我們現在又跟你們以前不一樣，每次都拿以前來講。」漫不經心地放下手機，走回房間。媽媽心裡感到無奈，孩子怎麼就不能認真一點呢？

認為自己的孩子不夠認眞，應該是許多家長共同的心聲。自己的孩子也不算太差，就是用功度不足，考出來的成績不上不下，如果要再叫他認眞一點，就表現出滿臉的不情願，讓親子間每次遇到這個話題，氣氛就瞬間凍結。

然而只是叫孩子「認眞」，其實也是籠統的要求。所謂的「認眞一點」，是指念書時間再久一點？效率再高一點？專心一點？還是只要成績有出來，就是有認眞了呢？所以很多人會選擇坐在書桌前的時間長一點，至少花了時間念書，就能一定程度躲避爸媽的責難了。

相信爸媽都想看到孩子自動自發、全神貫注地讀書，卻常事與願違。爲什麼孩子就是不肯拚一下呢？

雙方認知的差異

對於「認眞」到底要努力到什麼程度？常常是雙方歧異的來源。可能爸媽所謂的「認眞」，就是要用盡所有精力跟時間去念書。但大部分的時候，孩子認爲有把功課作完，回家稍加複習過，考個七、八十分就不錯了，爲什麼爸媽總是不滿意？當孩子對自我的要求並沒有那麼高的時候，自然就沒有那樣的動力花時間複習了。

還有一部分的狀況，是父母當年沒有那麼好的念書環境，或是表現不夠理想，不希望孩子也落居人後，所以特別把孩子送到私立學校，或額外去補習、學才藝，就是希望孩子能有更好的學習表現。當父母是犧牲自我生活品質，才能夠供給孩子這樣的學習環境時，心中自然有所期待。若孩子卻沒有預期中的努力，那心中的落差感自然更加深刻了。

及格就好的孩子

在教學現場中，我們會看到有很大一類是「看起來聰明，學習能力也不差」的孩子，他們在班級裡的成績還能維持中間甚至中上左右的水準，但如果要叫他再認眞一點，通常都不願付出更多的努力。這類的孩子上課往往也不夠專心，選擇用最小的力氣維持著差不多的成績水準，然後沾沾自喜地告訴大家：「我這次都沒有念書，還可以考成這個樣子。」

看在父母和老師的眼裡，常常是充滿疑惑的。我們很清楚的可以看到這個孩子如果付出更多的努力，一定可以取得比現在好上更多的成績，但他們爲什麼就不願意再認眞一點於課堂上，再專心一點完成課業呢？

念書，本身就是件需要花體力和精力的事。若你的孩子剛好處於上述狀況，父母該如何引導孩子更進一步呢？

及早了解自己的程度，才能以終為始前進

一般而言，在班級排名上還能夠維持前三分之一的人特別容易有想法誤差，認爲自己在班上的成績已經不錯了，應該也可以考上不錯的高中吧！但各班的程度不見得齊一，有時連班上的第一名都不見得能夠順利進入第一志願。但孩子容易在這樣的誤解中，滿足於自己的學業表現。

等到九年級拿到模擬考成績之後，才發現自己和目標有所差距，屆時

再奮力追趕，可能已是緩不濟急。

爲了及早了解自己的程度，建議在七、八年級時，就可以針對每次段考成績的校排，大致對應出該校考上各級學校的人數，明白自己的成績大概要維持在校排的哪一個階層，才能拉近與自己心目中的理想學校的距離。甚至進入九年級模擬考之後，要以該區的區排名爲主。

很多時候爸媽都會希望孩子考的愈高越好，但孩子的內心可能不見得這樣認爲，甚至只希望自己考上第二或第三志願即可，覺得「寧爲雞首，不爲牛後」。像這些認知差距，就應該要和孩子討論，看雙方能否達到平衡，接著再討論如何從大目標下來劃分小的目標。

討論出雙方都能接受的認真程度

當有明確的前提時，再來調整念書的狀況，才會知道要有什麼具體的行爲。例如：想要提升數學段考的成績十分、模擬考想達到 A 以上的成績？抑或是以考上某個學校爲目標。

這樣討論的意義，是讓孩子能聚焦自己和理想中目標的差距，進而認清自己必須付出多少努力。不然的話只是無限上綱的要孩子認眞，孩子只會感到困惑，卻不知道自己要努力到什麼程度。這樣一來討論「認眞」這個主題，才會有具體的方向以及目標，而不是只要坐在書桌前就好。

不夠認真，就不用面對「可能是自己實力不足」的問題

這類孩子通常是小學時期，憑藉著自己的聰明，好像就能輕鬆取得不錯的成績。但升上國中，課業開始加深加廣，無法再用「吃老本」的心態取得更好的成績。或是看到其他成績很好的同學，卻貌似沒有那麼努力，就想要像他們一樣。殊不知在學習上的天才還是屬於少數，多半表現優良的孩子，八十%都是苦讀而來的。這些人也許曾試著努力過，但是表現不如預期，在這樣的挫敗感下，乾脆一不做二不休選擇放棄，用「合理化」的心態來面對這個問題。

如此一來雖然能夠維持不差的成績，但身爲師長都知道他們並沒有發

揮實力。如果孩子和家長都不太在意這件事情，那自然沒有什麼問題。但很常看到的狀況是孩子心裡其實非常在意，卻裝作滿不在乎；爸媽的心裡也是在意的，又怕給孩子太大的壓力，所以告訴孩子：你考得怎麼樣都無所謂。有些孩子即便依然故我，其實內心也不知道要怎樣處理這樣的矛盾。

對於這類孩子，建議給予正面的累積與回饋，他們所展現的爆發力通常會遠超乎想像。讓他們知道「聰明」確實能夠在學習上有更快速的理解和利基點，但眞的要讓學習成效變好，「努力」還是很大的前提。

靠獎賞的外在動機，往往難以持久

累積孩子的成功經驗，是非常重要的一環。人會

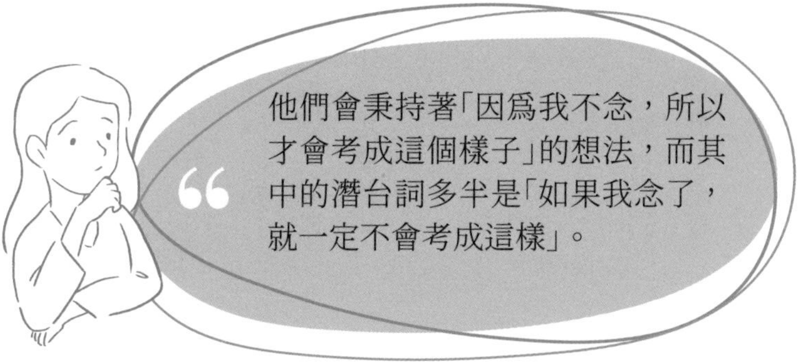

他們會秉持著「因為我不念，所以才會考成這個樣子」的想法，而其中的潛台詞多半是「如果我念了，就一定不會考成這樣」。

想要改變的前提，是必須累積足夠的自我效能，一方面相信自己能夠改變現狀，二方面也願意實踐。當這兩個條件完備的時候，他們才能夠啟動改變的機制。不然的話，父母會發現孩子好像八風吹不動，只剩下自己在那裡乾著急。

很多時候爸媽會說「如果你這次考試考好，我就給你ＸＸ獎勵」，內容包羅萬象，從手機、模型，到演唱會門票等等，希望藉此激發孩子的鬥志。他們可能會為了得到獎勵，短時間爆發性地念書。但如果達成階段性目標，孩子可能又會變回原樣。或是根本沒有達到父母訂下的標準，獎勵制度也不了了之。若能提升孩子的內在動機，才能有效且根本性地讓孩子維持學習的動力。

培養內在動機，發揮孩子實力

好的成績會讓孩子進入一個良性的循環，「成就感」使他們對自己的看法不同，甚至認為自己是屬於「念書成績優秀的小孩」。當他們有這樣認知的時候，想要認眞和追求更好的表現，也會成爲所謂的「內在動機」。這時不需要爸媽去提醒孩子「可以再認眞一點嗎？」孩子自己就會願意花出很多的時間去求得更好的表現。甚至我有碰過學生對自己的要求和表現非常注重，媽媽反而很困擾地跑來向我求助。因爲孩子太專注於課業的表現，犧牲很多和家人休閒的時光。當然這都是極端的例子，所以一體的兩面，促發孩子的內在動機，才是最爲根本之道。

在上述的問題中，「念書本來就是學生的本分」已經無法說服現在的孩子了。而「不認眞」的背後，可能是自信心不足和挫敗的累積，當父母明白孩子的狀況時，才能給予適切的協助。

3-4

被失敗磨盡信心的孩子

小玲拿著自己的段考考卷，默默地走到教師辦公室。

「老師，我不想再念了。」小玲喪氣地說著。

「為什麼呢？」老師一臉困惑。

「我之前都沒有很認真嘛！可是我這次段考真的很認真念英文，結果讀的內容都沒有考出來，真讓人灰心。我刷了很多題目，也很拚命的練習，可是段考就是沒有進步很多。」

「你的調整很棒啊！但是不是有點太心急了呢？」

這樣的對話常常出現在決心轉變卻受挫的孩子身上。想要自己的努力到成效，絕對是人之常情，但困難點就在於學業成績的提升多半需要時間的累積。當孩子決心開始努力時，可能會有短期的爆發力，希望自己可以在一次段考或是模擬考上揚眉吐氣，卻常事與願違。

可能成績有進步，但跟自己的預期相差太多；或者是明明付出了努力，表現卻和之前相差不遠。不僅打擊到他們的信心，也會讓人覺得「那我幹嘛那麼認眞，反正最後結果都差不多」。

這時孩子的內心多半會陷入很大的矛盾與掙扎。他們可能會繼續努力，但對於總是達不到預期的目標感到挫折，或是最終選擇放棄，也更加討厭學習了。

孩子學習受挫的原因

如果你的孩子有以下的狀況，那他可能正因挫敗的學習經驗感到痛苦：

對於學習缺乏動力

「我就是不喜歡讀書啊！」很多孩子會這樣說。其實所謂的「喜歡」，指的多半是沒有動力。在教學現場中，這樣的孩子爲數不少。大家一定都會想，他們應該都是成績不好的人吧？這可能只佔了一部分，其他多半是不知道爲什麼要念書，或是想逃避的人。而學習表現眞的很不理想的孩子，也要注意是否有某些學習障礙的困境，或是自小學以來的成績低落，讓他們失去學習的信心。

對繁重課業應接不暇

這類孩子的成績多半有一定的水準，完成事情不僅用心，也很願意追求好的表現，但若以往是靠大量的時間累積才達到那樣的成績水準，在進入國中甚至是九年級時，會發現課業內容與項目都變得繁複，還有許多複習講義、考試天天接力出招。在同樣的時間中，念書的分量竟然多出兩到三倍！如果又不懂得學習方法，化繁爲簡，那勢必會應付得非常辛苦，心中的挫敗感也會更加深刻了。

面對孩子的困境，家長若能看到其中的癥結，就能更好的協助他們調整。

對學習缺乏動力者，慢慢培養信心

美國賓州大學心理學家塞里格曼（Seligman）曾做過一個實驗。他將兩隻狗分別關入不同的籠中。第一組小狗被輕微電流電擊，但能靠鼻子推動踏板而關掉電流，另一組則不行。當這個實驗後，再將這兩組狗放到一間分爲A和B兩區的屋子裡。牠們在A區就會被電擊，但只要跳過障礙到B區，就可以免除電擊。第一組的小狗雖然發現A區沒有同樣的踏板，但會嘗試解決電擊的問題，最後能夠跳過障礙，免除電擊。但另一組小狗碰到被電擊，雖然覺得很痛苦，卻沒有嘗試做任何的掙扎來免除電擊。

個體認爲再怎麼努力都無法解決問題，於情感、認知和行爲上都表現出消極的心理狀態，就稱之爲「習得無助感」。

通常學習成績低落的孩子，多半是在小學時期就已經被分數打擊了自己的信心。所以我們會發現這類型的孩子，非常害怕在課堂上回答問題，即便答案顯而易見，甚至老師已經給了非常大的提示，他們也不敢輕易嘗試，因爲在潛意識中他們覺得自己一定會答錯。與其答錯招來同學的嘲笑，乾脆什麼都不回答，對於課業也完全不想接觸。

這類的孩子由於長期缺乏自信，所以調整這樣的慣性，勢必要有一些機運以及扭力。在我多年教學經驗的觀察中，可以說沒有一個孩子不希望自己有好的表現，但缺乏成功經驗，讓他們覺得自己的能力不足。

建議當孩子有一些小成長時，就給予稱讚與信心，例如鼓勵他們的努力與付出，即便成績的表現可能還沒達到父母的預期，但都能爲他們累積一點一滴的信心。

曾經有個在班上成績總是墊底的孩子，很開心拿著考卷跑來告訴我：「老師，我這次的社會小考考得比某某某還高耶！」因爲那個章節的內容是他在生活中曾接觸過的，所以上課時特別認眞聽講，那個範圍的成績竟然升到了班級的中段，讓他非常開心，這個科目也變成了往後他最有興趣，表現也最好的一科，可見成功經驗對孩子的重要性。

有動力卻無力的孩子，調整方法與心態

對於這樣的孩子，父母可以幫助孩子培養正確的學習方法，不要催不要急，陪伴他們耐心成長。

1. 改善無效的學習方法

很多孩子認爲「打開書，坐在書桌前」，就和讀書畫上等號。其實了解學習的原理，才能夠學得更有成效，包含如何調整作息時間、規畫進度、課前預習，上課與念書時是否專注，做過的測驗題是否確實訂正？如何善用理解與記憶，來處理龐雜的課業知識？這種種的一切，如果沒有人特別教導，對孩子來說都是十分陌生的。如果能夠學得又快又好，他們自然能進入學習的正向循環。

● **養成預習習慣**：除了參考坊間許多指導學習方法的書籍，也可以提醒孩子養成預習的習慣，在上課前先把該科的內容看過一遍。一方面能夠先知道今天的課程概要，當老師在講述的時候，就不會覺得這麼陌生；二方面可以先標出自己不清楚之處，在上課的時候針對這個部分認眞聽講，甚至提出疑問，會更有助於掌握這個章節的內容。

● **閱讀文章抓重點**：現在強調「閱讀理解」能力，這也並不侷限於哪個學科。所以把課本當成是閱讀的文本，從文字的敘述中，抓出關鍵字的出現。例如「導致」，就展現了前後事件的因果關係，「首次」表現開創性等，也有助於閱讀能力提升。

● **訂正錯誤**：考卷的訂正是非常重要的一環。很多孩子沒有認知這件事情，浪費了大量的時間在做題目，卻因爲沒有確實修正錯誤，而使成效不彰。

這類的孩子通常是充滿動機的，只要稍微調整學習方法，進步的幅度通常也會大增。

2. 耐心等待成長曲線

很多孩子對於自己的努力沒有馬上看到效果，感到失意。

「努力又沒有成果，那我幹嘛努力？」學生阿瑋失望地對我說著。

「這樣啊！那你有聽過穿隧效應嗎？」

「那是什麼？」阿瑋一臉疑惑地看著我。

「在開鑿隧道時，一開始的進展非常緩慢，根據不同的地質，需要鑽孔、出碴等等，還必須擔心隧道可能隨時坍塌，而且有很長一段時間必須處於黑暗之中，讓人會懷疑『到底還要多久才能鑿通隧道』。因爲大家都把目標放在鑿通隧道的光明，而非是否有一步步推展隧道的進度，念書這件事也是如此。

「當我們付出努力，自然會希望得到回報。但以往沒有花太多力氣的科目，就像是堅硬的山嶺一般，本來就很難一口氣穿鑿過去。明白了這點，不把重點放在鑿通隧道，而是一點點地推進的過程，就能不斷看到進步。像你這次段考的用心，就是打算要開始鑿通隧道。光是下定決心，並確實執行，就非常值得鼓勵了。」阿瑋點點頭，看起來還有那麼些不甘心，但至少他知道，自己已經走在對的路上了。

成績本就不見得能立竿見影，特別是大範圍的考試。所以任何科目都要以學期為單位，每次段考做為一次檢視，才能夠感受到自己的學習成效。很多人嘗試一次段考後便灰心喪志，殊不知自己可能已經開始穿鑿隧道，而光明自然就會在隧道的彼端等待著。

3-5

專注，讓學習事半功倍

小倫在房間裡已經兩個小時了。每次放學回家，小倫看起來都很乖地進房寫功課。可是看著聯絡本，每天的功課和考試並沒有很多啊！但小倫好像都花掉很多時間，成績表現好像也是平平。家長會的時候聽老師說小倫上課好像沒有很專心，不知道是不是這個原因？反觀姐姐，每天回家後只念了半小時的書就開始看小說，成績還名列前茅。媽媽覺得非常疑惑，小倫花了那麼多時間，表現還不如姐姐，難道只是姐弟倆程度差別的問題嗎？

如果爸媽發現孩子花了大把時間卻未見效果，建議可以觀察一下孩子念書與上課時是否容易分心，並且協助孩子調整這樣的狀況。

首先，上課的時候能否專心，是影響後續學習的基礎。雖然爸媽無法看到孩子們的在校表現，但可以從平常孩子在家的狀態，或是和老師打聽孩子上課時的狀況便可略知一二。

通常在教學現場中，孩子們不專心的狀態分爲數種：

1. 坐在位子上，但眼神空洞，精神不佳。
2. 桌上雖然放著課本，但和同學不斷互動。
3. 一邊在聽老師講課，但同時在畫畫、看小說或做自己的事情。或是很喜歡在數學課寫英文，在英文課寫國文，在國文課寫數學，好像很會利用時間，學習成效就能特別好。

一心多用，學習品質低落

曾經有孩子問我，我們也常常一邊吃飯，一邊看劇；一邊跑步，一邊聽音樂，既然如此，那爲什麼要這麼專心做一件事，一心二用不行嗎？

聽起來很合理，但其實忽略了一個重要的部分。我們的思考模式分爲兩種：

低專注力——生活中的各種習慣（刷牙、吃飯）

高專注力——複雜思考的部分（計算理化題目、聽英文聽力測驗等）

而上述的例子，都是低專注和高專注的組合，我們的大腦是無法同時做兩件需要高度專注的事情。這也是很多同學在上課偷看小說或滑手機，不僅自動屏蔽上課的內容，甚至連老師走到了旁邊仍渾然不知。

寫別科作業，是利用時間嗎？其實來回轉換不同的科別，大腦都必須經過一段時間的調適，才能再度回到專注狀態。如此一來，看起來好像做了很多事，實際上每件事情的品質都不好，反而浪費了更多的時間和精神，還不如一次只專心於一項高度專注的事來得有效率。

身爲老師的我看過各種學業成績表現的孩子，長期觀察下來，會發現大部分的學霸在上課時無論是否抄寫筆記，都會認真聽老師的講解，要求自己務必在上課時就要聽懂內容，回家再針對記憶性的內容加以複習。爲了避免孩子在課堂中顧此失彼，建議還是在哪一堂課就完成哪一件事情，比較能讓自己聚焦在該堂課的學習與思維中。

在家無法專心念書的原因

而場景回到家中，通常上課不夠專注的孩子，在家裡可能更是如此。少了同儕和老師的壓力，又多了環境的干擾，自然更容易走神。通常回家複習時不夠專心，多半是下列幾個問題：

1. 單位時間內沒有具體的目標

很多孩子坐在書桌前的總時數很長，但實際上他並不知道自己在單位時間內要做什麼？在一個或半個小時內，到底要完成多少課業內容？所以孩子看起來好像在看書，但通常只是隨意地瀏覽，也很容易因爲各種原因分心。

這個狀況在學校的自習課中就十分常見。會發現有些孩子看了二十分鐘，還在同一頁。闔上書，問孩子這個章節到底在說什麼，他們通常只能說出零星的關鍵字，卻沒有具體的架構。所以同樣的一節課，有些孩子能夠完成一個章節的複習，有些孩子卻只能看兩頁還沒有概念，差距也就在此顯現了。

建議父母可以協助孩子清楚自己在單位時間內該做什麼，甚至給自己一些挑戰和限制。例如半小時內，要完成某項功課，完成之後就能夠自由利用空閒。有限定的時間，具體的目標，再加上一些挑戰，和挑戰後的期待，他們會更聚焦自己要做的事，念書的效率也能更好。

2. 精神不濟、睡眠不足

「只要再念一下下就好！」挑燈夜戰的孩子，爲了明天的考試苦撐著疲累的雙眼，結果成績仍不如己意，還弄得自己上課哈欠連連。「精神狀態不佳」絕對是影響分心的一大原因。上了一天的課，長時間的學習自然會耗費很多體力，這時候還想要再念書，就要先確認一下自己的身體狀態。如果精神不濟，那小憩一下絕對是讓大腦重新開機的良方。而且在念書後小睡一會兒，還能有助於大腦整理資訊。可以提醒孩子不只要花時間念書，更要保持念書時的專注及效率，不然寧可先去休息，養足精神再戰。

3. 環境吸引物干擾

曾和孩子聊天時提到在家念書的效果，以及什麼東西會導致他們分心。大家可以猜猜投票第一名的是什麼？不是手機、不是小說，結果竟然是「床」。因爲爸媽準備的床鋪太舒服了，躺在床上看書、滑手機，或直接睡著，都很容易讓念書的時間流逝，這或許讓爸媽有些啼笑皆非。

扣除手機、3C產品不說，看看孩子念書的環境，是否有很多物品環繞？身旁的玩偶、牆上的海報，隨手可得的圖書，都有可能讓定力不夠的孩子分神。就像常常看到上課不專心的孩子，都可以玩弄指甲，隨手塗鴉，遑論家中有那麼多的干擾物了。

建議書桌上可以盡量簡潔，除了學用品以外的東西最好都不要擺放。或是可以讓孩子換個環境，到書房或是圖書館之類的地方學習。當看到其他人都安靜念書，也會使人稍感壓力，專注度也會較爲提升。

幫助維持專注力的三個小技巧

1.「微習慣」協助持續前進

從內在想要得到好表現的自我驅力，到外在的獎賞吸引，「動機」一直是教育界關注的議題。而孩子不夠有動機時，自然會無法專心。特別是學習的課業有一定難度時，必須靠著專注才能有更好的表現。

《微習慣．簡單到不可能失敗的自我管理法則》一書的作者斯蒂芬．蓋斯（Stephen Guise）在書中提及大腦對於複雜和困難的任務，會不由自主地產生抗拒。如果發現孩子有類似的情況時，爸媽也可以陪伴著孩子，逐步拆解任務到最小的範圍。例如每天做一題數學、背三個單字。

我曾在課堂中分享給孩子這個概念，他們全都噗哧一笑，覺得每天背三個單字，那要到什麼時候才能準備完一次段考範圍？聽起來好像有些荒誕，卻有箇中道理存在。

很多時候孩子無法專注，正是因爲目標太過遠大，讓人心生畏懼，最後反而什麼事也沒有完成。這種看似微不足道的行為，讓人建立起「開始」

的習慣。在大腦還來不及有所抗拒之前就能夠完成，也一步步地建立起信心。循序漸進的方式引發內在動機，更能維持長時間的專注了。

2. 開啟身分認同的專注模式

現在請你在腦中記住這句話：「不要想一隻紫色的大象」，當我們愈這樣講的時候，紫色大象的形象是否不斷出現在我們的腦中。同樣地，當孩子讀書時，爸媽一直在旁叨念著：「你不要分心！」「不要分心」、「不要分心」，反而讓孩子滿腦袋都發現自己在分心的狀況。

那該怎麼解決呢？我們可以嘗試用改變「自我認同」的方式。像是吃素的人，爲什麼不會想破戒吃肉呢？因爲對他們而言，不是「我不能吃肉」，而是「我不想吃肉」。當這樣的身分認同轉變後，行爲自然就不需要強力的克制。累積更多的

專注經驗後，也能更加強化身分認同的部分。

3. 如果想做一件事，宇宙都會來幫你

有些認眞的孩子會在言談中，抱怨到自己雖然很想念書，可是在家裡卻被干擾：可能是家人看新聞的聲音、弟妹嬉笑的聲音，或是爸媽的呼喚等等。畢竟一被打斷思緒，還是要花費一段時間才能再進入專注的狀態。建議爸媽可以和家人共同商討，像孩子要認眞念書時，就放上一個「請勿打擾」的牌子，或是戴上象徵性的頭飾等等。當這個訊息出現時，除非很緊急的狀況，不然都盡量避免在這個時間打擾彼此。讓大家能感受到專注的魔力，也讓他們也愈來愈習慣這樣的常態。

在充滿雜訊的時代，我們也愈來愈難專注。但唯

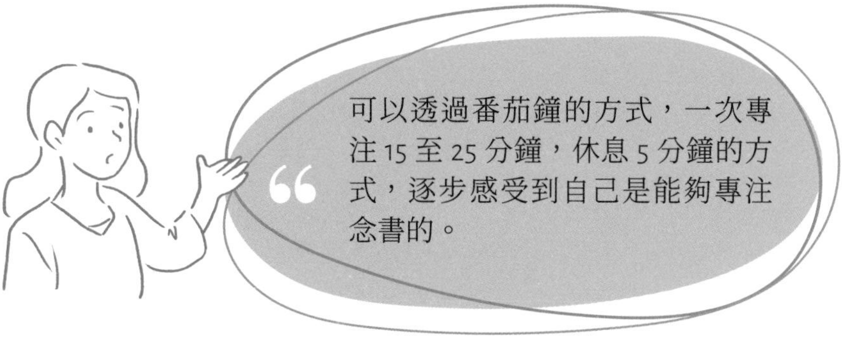
可以透過番茄鐘的方式，一次專注15至25分鐘，休息5分鐘的方式，逐步感受到自己是能夠專注念書的。

有專注於所重視的目標或課業，我們才能在其中得到更好的成效。建議爸媽觀察孩子的表現，也共同培養全家人各自專注的時光。

專注是一個正向循環，因爲愈專注，所以表現得愈好；因爲表現得愈好，愈能讓人投入。就如同電影《靈魂急轉彎》中的主角Joe在人間先修班中看到那些投入自身喜好的靈魂一般，渾然忘我，產生心流。當孩子能進入這樣的狀況，專注，不僅油然而生，無論是課業或是所期待的成果，也都水到渠成了。

3-6

升上九年級，複習進度怎麼安排

來到了九年級的暑假，聽很多老師說這個暑假要好好把握，不然上了九年級，能夠運用的時間就變少了。暑期輔導的課程通常只有早上，安安在思考下午和晚上的時間應該怎麼安排？小祐找他一起去補習班，小方要留在學校或去圖書館自習，美美說她應該會回家休息，不然開學以後就沒有時間了。面對即將到來的九年級，他的心中還沒有拿定主意。

九年級的暑假，是許多孩子第一次面對「如何安排複習進度」的問題。因爲在七、八年級時多半是跟著學校老師或補習班的規畫，在考前準備好即可。但如果想成爲一流的學習者，設計適合自己的讀書進度是不可或缺的能力。

如何規畫考試進度

對於準會考生而言，認眞的孩子絕對不會捨棄八升九的暑假以及過年前的寒假。當其他同學可能還在偷閒休息，享受放假的輕鬆感時，他們多半會仔細規畫兩個長假，完整的複習各冊內容，在一開學就遠遠甩開同學的進度。

九年級和七、八年級不同的點是在課程中不僅會有第五、六冊的新進度，也會有複習考的舊進度，兩套同時進行。而在九年級一開學時，各校通常會安排第一次複習考，（爲一、二冊的範圍），這是第一個決勝點。

模擬考	約略時間	範圍
第一次	九月開學	一、二冊
第二次	十月中	三、四冊（一至三冊）
第三次	十二月初	一至四冊
第四次	下學期開學	一至五冊
第五次	四月中	一至六冊

（註：依各校規畫略有不同。）

第二次模擬考的範圍通常會預定於十月底。（考試範圍通常爲八年級課程內容，即第三冊與第四冊；自然科爲第二冊與第四冊）。一般而言，大部分的孩子都會先複習完一、二冊，以應付開學時的第一次模考。

會建議行有餘力的孩子，利用這個時間囊括第三甚至第四冊。因爲開學以後，很多人會無法適應新、舊進度一起進行的狀況。如果沒有先完成複習進度，勢必會有許多缺漏。所以在時間有限的狀況下，更需要規畫好自己的複習進度。

八升九的暑假時期

通常暑假相當於八週的時間，建議孩子們可以用「段考」爲單位，一次複習的進度是一次段考。光是一個學期，就有七科乘上三次的段考，四個學期下來，就要複習八十四個範圍。如果一週念五天，再扣掉補習、休息等時間，一天安排兩科（看完課本、習作、講義等），再寫完題目，也需要足夠的效率完成進度。

若孩子一開始覺得吃力，建議可以用一週五天為單位，將「國、英、數、自、社」各自安排其中，讓一天至少完成一個科目的複習，在進度和心情上都能較有餘裕。當他們規畫出自己的複習進度表時，就會清楚一天之內要完成的進度有多少。

再者，在進度表中可以留有「空白時間」。很多時候孩子們不是沒有想要複習，而是有些突如其來的狀況，讓他們沒有辦法順利完成進度，也給自己更大的壓力。所以建議在每天的計畫中，給自己一些彈性時間，若順利完成進度，就獎勵自己在這個時間好好休息。

在協助孩子訂定計畫時，還是要以「學習者」為主體，畢竟他們才是執行計畫的人。常常可見的狀況是孩子列出了完美的計畫，實際上卻窒礙難行；或是他們訂出了計畫，爸媽卻覺得不甚滿意，最後導致雙

日期	星期一	星期二	星期三	星期四	星期五
科目	國	數	英	自	社
安排內容					
是否完成？ ✓/x					
尚未完成的部分					

方都不開心，反而失去了協助規畫進度的美意。

九年級上學期

大家會開始面對新、舊進度共同出現，建議孩子們切割兩種進度的複習時間。例如在學校的時間，就處理完新進度的功課，回家後就盡量複習舊進度。

進度安排上建議以「複習考」當成範圍切分，但請不要每次都從第一冊開始複習，而是平均分配，先念自己比較不熟悉的冊別或課次。此時也會開始寫複習題本，若有不會的部分，也請從課本或講義上再次複習相關完整的概念。

寒假／最後長假衝刺期至會考

時間進入寒假，大部分的課程已經進入倒數階段，也開始對第五冊複習。五、六冊雖然記憶尚深，但複習的次數較少，建議在上課時就掌握好重點。對於一到四冊，應該已經複習了三至四次，此刻可針對各科考古題多加著墨，熟悉考題模式，也可以開始做分散範圍的複習題本。規畫的方式可以參照暑假，但特別著重自己的弱科及內容。

掌握複習技巧，讓你快快複習，常常溫習

談到複習，大家都是怎麼做的呢？許多人都是拿起書本，從每本的第一章第一頁開始看起，這都不是有效率的做法。因為複習的重點，就是要「找出不會的部分」，並讓自己更加熟練。

所以在開始複習前，建議先打開目次，花個五至十分鐘，對課本中的內容進行回想，甚至可以用星號評比自己的熟悉程度。能夠回想得愈仔細，代表對這

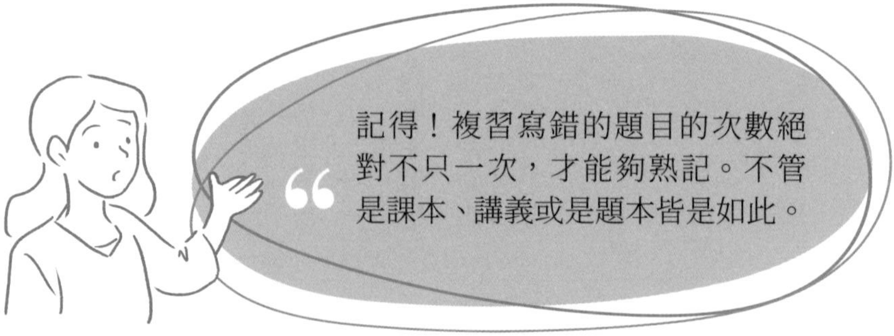
“記得！複習寫錯的題目的次數絕對不只一次，才能夠熟記。不管是課本、講義或是題本皆是如此。

個章節愈熟悉，所需再花費的時間就愈少。若是腦袋一片空白，就知道可能要再重新複習一次。

而第一次複習時，可以對課本採取一次地毯式的閱讀，將不熟悉的地方標出。很多孩子並不會著重第一次的完整複習，但這次的複習之所以重要，是因爲距離七、八年級的課程已有一段時間，能夠說出的內容都已進入長期記憶，不容易被遺忘，而不太熟悉的部分，就是往後複習時要掌握的地方。

複習的順序爲：課本（像準備段考那樣，細細地看，不貪快，確實記憶）——→習作（把以前錯的題目再寫一次，如果還是錯，就特別標記或貼標籤）——→以往錯的題目（方法同上，不管是講義或考卷內的）。

很多人會覺得，現在會考都沒有考課內的東西了，那我爲什麼要把課本的內容看熟？現行會考趨勢和以往的不同處，在於不是單純考直觀的記憶題，而是希望學生理解原理原則後，依循邏輯作答，所以課本能夠幫助我們理解知識的脈絡與順序。很多記憶性的知識並不是不考，而是和其他知識排列組合後生成不同的題目。所以在完整的時間中，先從課本及使用過的習作、講義開始複習，將會更有效喚醒當時學習的記憶。

也有很多人會在九年級一開始拿到新講義時就忍不住大量刷題。切記！做題目是找出自己不會的，並加以修正。在還沒有複習，看完課本習作前，你可能只是不斷浪費大量時間寫題目喚醒瑣碎的記憶。但如果你已經先複習過再寫，就不用再花一次次的時間回去課本上找答案。

當孩子完成了上列的步驟，就可以進一步看複習講義做的重點整理，標出不熟悉的地方。完成這些部分後，做題目的效率才能加快。現在大部分的參考書題目都附有詳解，甚至可以掃描 QR Code 看解講影片。如果還是不懂的話，建議可以貼上標籤，到學校或是補習班時詢問老師。

孩子了解如何規畫自己的學習進度後，未來也能夠延伸到其他部分的學習。師長無法代替他們念書，但可以帶著他們釐清規畫的重點與盲點，讓孩子成爲自主的高效學習者。

3-7 考前衝刺期該如何調適心態？

想到即將到來的會考，小玲心中不禁害怕起來。倒數的日子早已進入二位數，已經不知道該如何複習的她，開始瘋狂刷題目。但愈做題目，反而愈心慌。出來的成績上上下下，表現也非常不穩定，讓她深怕沒有辦法考上心中理想的學校。這樣焦慮的情緒，甚至影響到自己的睡眠，半夜都會驚醒，導致整個人的精神和效率都很差。大家都說考前衝刺很重要，這段時間到底該做些什麼呢？

在大考前的倒數時刻，有些人掌握到訣竅，利用這段時間爭取高分；有些孩子心慌意亂，反而表現失常。爸媽也很想陪伴孩子，給予他們一些建議和方向，卻不知道從何處下手？特別國中升高中的會考，是他們人生中的第一場大考，他們雖然學習了很多應試的內容與技巧，但在心態的調整和建立上，往往是很模糊的。這段期間，無論是複習進度方向、生活作息、或是心態情緒上的調整，都非常重要。

複習進度方向：檢視錯誤問題，釐清並加強弱項

很多考生會糾結買的題本沒有寫完怎麼辦？其實，沒有寫完就沒有寫完。現在會考的制度，成績拿到B++的人是最可惜的一群，所以，建議準考生拿出自己以往的成績單，針對常拿B++的科目在

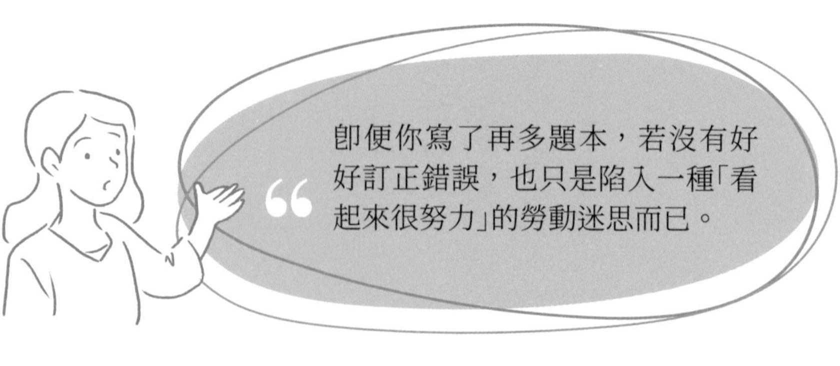
即便你寫了再多題本，若沒有好好訂正錯誤，也只是陷入一種「看起來很努力」的勞動迷思而已。

考前再衝刺一波。

整理出先前已做過的題本、考卷、講義，再訂正一次錯的題目，數理科的部分建議重算一次。很多人用「眼睛」看都覺得懂，眞正重算一次才發現問題的所在。若知道自己錯的題數是哪些範圍的，就針對那些部分的細節再加強。可以先再讀一次，抓出觀念模糊的地方，但也不需要糾結在太難的題目上，反而是要提升科目的平均實力。既然已累積了大量的試題經驗，揪出許多問題，在衝刺期當然要強化學習上的漏洞，釐清觀念才能有效提升成績。

此外，如果遇到不會的題目，可以用標籤貼註明。待上課時一併詢問老師或同學。很多人碰到一個問題不懂，就想用手機或電腦查資料，或是用訊息問同學。這樣不僅很容易讓自己分心，也會陷入浪費時間的陷阱。

生活調整：調節作息和大考同步

「生活作息有什麼差別嗎？我考試前幾天再早點睡就好啦！」

會這樣想的人，都忽略了生理時鐘的魔力。任教於北一女的大學同學告訴我，他的學生在準備學測前，都會讓自己的作息配合考試日程，例如晚上十一點前睡，早上七點起床，並且在該考科的時段讀那一科的書，讓自己調整成那一科的腦袋。爲了習慣下午考試的感覺，也不可以在考科的時間偸偸補眠，以免身體感到昏昏欲睡。

考前可以熬夜讀書嗎？

會這樣做的人，都是犯了「重量不重質」的迷思。覺得自己讀不完了，不知該如何是好？最好把剩下的睡眠時間都拿去讀書補進度該有多好？但請相信，這樣的方式只適合很小範圍的考試（像段考、期中考），對於三年的進度，絕不可能是用兩週熬夜就換來的，反而還會因爲這樣，讓自己考試當天的精神不佳。

所以在考前，除了作息正常外，也爲自己事先安排念書計畫以及休息時間，使自己的身心都能維持在穩定的狀態。

覺得心煩，不如去運動吧！

很多人的休息，就是滑滑手機、打打排位、看看抖音或小說。我都會建議孩子如果感覺煩躁，不如就去運動吧！研究顯示，壓力會增長焦慮，而運動時肌肉與自主神經活性會增加，影響中樞神經活性，焦慮感會隨之降低，並增加愉悅感。所以壓力大的時候，去跑幾圈操場、打場球，讓自己流流汗，反而會覺得輕鬆許多。建議在計畫中排入運動時間，轉換一下心情，也有助於休

息後的專注力。

心態調適：大考的終極挑戰

在考場裡寫到打瞌睡了，或者當天胃痛、拉肚子而導致表現不佳，不管你三年來念得多麼認真，在最後的上場時刻，太過緊張而出現各種身體狀況、情緒緊繃，最後考試失常滑鐵盧。相信我，這樣的故事，每場大考都有人發生。所以走到這一步，最後的一哩路，就是你的心理素質。

想到只有一次的大考，萬一考砸了怎麼辦？心裡絕對是七上八下，不知如何是好。看著孩子臉上一顆顆紅潤的痘子，就像他們快要爆炸的壓力。

想像最差的狀況

「我覺得好煩，最近看到書就提不起勁，好希望考試趕快結束！」這是倒數時刻的許多孩子們的心聲。看著自己遙遠而脆弱的目標，讓人陷入無比的恐懼。

「老師，我眞的很怕我一個 A 都沒有，我一直不斷寫題本，但每次寫出來都是 B++，怎麼辦？我很怕我考不上高中。」

「你有沒有想過，你最差會考到哪裡？」

「我沒有想過耶！我只是想著要考好。」

「那我們現在來練習想像一下，最差會到哪裡？」

孩子默默地在紙上，寫下 5B，抓著頭說：

「這一定可以的啊！」

「那一樣會有高中可以念吧？只是可能比較遠，或是你比較不喜歡的。」

「嗯……是啊！一定會有的，甚至我家附近這所就可以。」

「好啊！那不然要不要試試這樣想。反正我

“無限上綱的恐懼，會讓一個人陷入極度的焦慮。但如果把地板定出來，想像最差的狀況，你就會清楚，雖然墜落很痛，但自己不會無限跌落。

最差，也會有 5B 的這所學校。如果我考得比這個程度好，每超過 5B 一點，那都是額外的分數。用『加法』的概念來想考試這件事，如何？」

孩子忽然靜默了下來，他說他從來沒想過，但好像心定了一點。當人已經沒有什麼好失去的時候，反而能夠奮力一搏。一念之間，就能轉換孩子的心態。

化焦慮為力量的轉化練習

當心態調適之後，自然也需要轉化能量來繼續準備。這時候，可以做「轉化練習」，請孩子寫下心中的恐懼，並一起討論，有什麼方法能夠避免這樣的恐懼發生：

轉化練習

1. 我的恐懼是：________________

這份恐懼讓我無法：________________

2. 寫下自己為何恐懼，寫出阻止你去做的原因：

____

3. 擬定一個確實可行的計畫，防止這個恐懼成為現實。

我想防止這份恐懼成真的計畫是：

____

可以參考以下的範例：

1. 我的恐懼是：無法考上理想的學校。

這份恐懼讓我無法：專心看書，好好睡覺，提起勁做事。

2. 寫下自己為何恐懼，寫出阻止你去做的原因：

現在的成績常常不穩定，每次看到寫題本的成績不如意時，就覺得自己不夠好。

3. 擬定一個確實可行的計畫，防止這個恐懼成為現實：

把不會的題目弄懂，問老師或同學；下次盡量不再錯同樣的範圍。

做這樣的練習是要試圖讓孩子轉移焦點，從空泛的焦慮中跳脫出來，變成可以具體實踐的行爲和計劃。

要知道在準備考試的過程中，很多事情是我們可以調整的，但也有非常多事情是我們沒有辦法控制的。有些孩子會聚焦在：希望可以考好，希望考題可以簡單一點，希望那天運氣比較好，希望猜題都猜對等等。這些東西基本上都不是我們能夠控制的，所以把想法跟希望放在這些虛無縹緲的事情上面，反而會更加深我們的焦慮。

就像大部分鬼片中最使人緊繃的一刻，並不是鬼怪出現的瞬間，而是駭人的音樂搭配詭譎氣氛。再加上「腦補」的功能，就把恐懼感帶到最高點。考前的時間是非常寶貴的，但孩子是不是把自己的時間和精神浪費在擔心與焦慮上，也讓這份恐懼感大幅影響了表現？

況且，這樣的恐懼可能根本不合理。所以要讓孩子試著把注意力放在自己可以掌握的事情上。所以讓孩子把力氣放在「我還能做什麼事讓自己表現更好」，專注於過程與系統，而非單純對成績的恐懼，才能拿出更佳的狀態去迎接挑戰。

爸媽可以怎麼做

「沒關係啦！你就隨便考，考上哪間學校爸媽都覺得可以的。」一很多父母會為了不要給孩子壓力，在考前和孩子說這樣的話。但學生常和我說，聽到這句話，感覺壓力更大了，這又是為什麼呢？

因為他們知道，這不是爸媽真實的心聲，更不是他們對自己的期許。難道爸媽要告訴他們，其實我們希望你考上前三志願嗎？也不是。那到底該怎麼辦比較好呢？

其實孩子們需要的，就是一份穩定的力量。很多人拼了命的表現，就是希望父母能夠看見自己的努力，獲得肯定與支持。甚至到長大成家了，終其一生的奮鬥，還是為了得到父母的認可。

但常常孩子得到的，可能是父母仍然覺得自己不夠用功，或是怎麼花錢補習了，成績還是不見起色，又或者是哪個親朋好友的孩子考上某某高中了，你也要看齊等等。這一次次的責難，讓很多孩子視「考不好」為一種人生的失敗，這又怎麼讓他們在考試時發揮平常心呢？親子若能攜手共度大考時刻，也能讓彼此的關係更佳深化。

在這樣的時刻，孩子需要的是父母的支持與陪伴。知道他為了自己理想的目標付出，肯定他為了考試而投入的時間精力，讓他知道無論考出來的結果如何，爸媽都不會因此評價他，孩子才敢為自己放手一搏。

二〇二二年冬奧花式滑冰選手羽生結弦，決定要挑戰史無前例的4A動作。已經是兩屆冬奧冠軍的他，大可以採取穩當的模式，再次拿下金牌。為了挑戰自我，他經歷了無數次的練習、摔倒、受傷，就是要在二〇二二年北京冬奧上，盡全力超越自我。面對大考，也是一場挑戰自我極限的過程。

從複習方向、調整成適應考科的生活模式，以及穩定的情緒，我們可以是孩子厚實的依靠。但面對家有考生，即便父母與老師再怎麼想幫助孩子，在考場上，就是孩子和自己的競賽。

這麼辛苦的準備，就是為了拿出最好的表現應試。至少能在考後對自己說一聲：挑戰極限，我盡力了。協助他們在考前維持自己的節奏與信心，也是我們對孩子最溫柔的支持與鼓勵。

致謝

十年磨一劍，一路上真是要感謝許多人的幫助。

聯經總編輯芝宇的一封邀請信，開啟了我們的合作之路。主編佳姍每每在寫作方向上和我討論，也精闢點出盲點，讓我們從無到有生成這本書。行銷羽柔的細心規畫，讓這本書能夠被更多人看到。謝謝你們，是這段旅程不可或缺的靈魂人物。

而踏上寫作的啟蒙，真的要感謝劉軒哥的知遇。從討論、發想，到最後《不敗學習力》的問世，軒哥讓我看到知識工作的深度及變化，也讓我對「學習」想有更深的認識與分享。

還有我的人生導師郝哥。與郝哥在大大的課堂結緣，從生活到工作，郝哥總是給我很多的啟發與鼓勵。「沒有成見，才能看見」是郝哥的金句，開拓了我的知識邊界，也推使我嘗試各種可能。

感謝這幾年陪伴在我身邊的你們。Alex、勁穎、「未來Family」的晨宇，還有我的好姐妹、好朋友、好同事們，你們總是包容粗線條的我，讓我感受著愛與關懷。謝謝在生命中碰到的學生與家長們，和你們共同走過的時刻，也豐富著我的教學經歷。

最後，要感謝我的父母，我的妹妹。在這一路上不斷知識重組的過程中，你們是我前進的最強動力和避風港，我也期許自己的努力能帶給你們安心與快樂。

此書，獻給你們！

Next Generation 06

國中三年最強父母求生指南：校園生活、親子溝通、升學讀書，中學老師親授與青少年過招的實用祕笈

2023年7月初版　　　　　　　　　　　　　　　　　定價：新臺幣360元
2023年10月初版第四刷
有著作權・翻印必究
Printed in Taiwan.

著　　　者	洛　洛　老　師
叢書主編	李　　佳　　姍
校　　對	陳　　佩　　伶
整體設計	初　雨　設　計

出　　版　　者	聯經出版事業股份有限公司	副總編輯	陳　　逸　　華
地　　　　　址	新北市汐止區大同路一段369號1樓	總編輯	涂　　豐　　恩
叢書主編電話	(02)86925588轉5395	總經理	陳　　芝　　宇
台北聯經書房	台北市新生南路三段94號	社　　長	羅　　國　　俊
電　　　　　話	(02)23620308	發行人	林　　載　　爵
郵 政 劃 撥 帳 戶	第0100559-3號		
郵 撥 電 話	(02)23620308		
印　刷　者	文聯彩色製版印刷有限公司		
總　經　銷	聯合發行股份有限公司		
發　行　所	新北市新店區寶橋路235巷6弄6號2樓		
電　　　話	(02)29178022		

行政院新聞局出版事業登記證局版臺業字第0130號

本書如有缺頁，破損，倒裝請寄回台北聯經書房更換。　　ISBN　978-957-08-7000-8 (平裝)
聯經網址：www.linkingbooks.com.tw
電子信箱：linking@udngroup.com

國家圖書館出版品預行編目資料

國中三年最強父母求生指南：校園生活、親子溝通、升學讀
書，中學老師親授與青少年過招的實用祕笈/洛洛老師著．初版．
新北市．聯經．2023年7月．272面．14.8×21公分（Next Generation 06）
ISBN　978-957-08-7000-8（平裝）
[2023年10月初版第四刷]

1.CST：親職教育　2.CST：親子溝通　3.CST：親子關係

528.2　　　　　　　　　　　　　　　　　　　112010306